基督教文化研究丛书

主编 何光沪 高师宁

九编 第 19 册

传真道于中国
——赫士及华北神学院百年纪念文集（第四册）

刘平、赵曰北 主编

花木兰文化事业有限公司

国家图书馆出版品预行编目资料

传真道于中国——赫士及华北神学院百年纪念文集（第四册）
／刘平、赵曰北 主编 -- 初版 -- 新北市：花木兰文化事业有限公司，2023〔民 112〕
146 面；19×26 公分
（基督教文化研究丛书 九编 第 19 册）
ISBN 978-626-344-234-4（精装）
1.CST：神学教育 2.CST：文集 3.CST：中国
240.8 111021875

ISBN-978-626-344-234-4
9786263442344

基督教文化研究丛书
九编 第十九册 ISBN：978-626-344-234-4

传真道于中国
——赫士及华北神学院百年纪念文集（第四册）

本册主编 刘平、赵曰北
主　　编 何光沪、高师宁
执行主编 张　欣
企　　划 北京师范大学基督教文艺研究中心
总 编 辑 杜洁祥
副总编辑 杨嘉乐
编辑主任 许郁翎
编　　辑 张雅淋、潘玟静　美术编辑 陈逸婷
出　　版 花木兰文化事业有限公司
发 行 人 高小娟
联络地址 台湾 235 新北市中和区中安街七二号十三楼
电话：02-2923-1455 ／传真：02-2923-1452
网　　址 http://www.huamulan.tw 信箱 service@huamulans.com
印　　刷 普罗文化出版广告事业
初　　版 2023 年 3 月
定　　价 九编 20 册（精装）新台币 56,000 元

传真道于中国

——赫士及华北神学院百年纪念文集（第四册）

刘平、赵曰北 主编

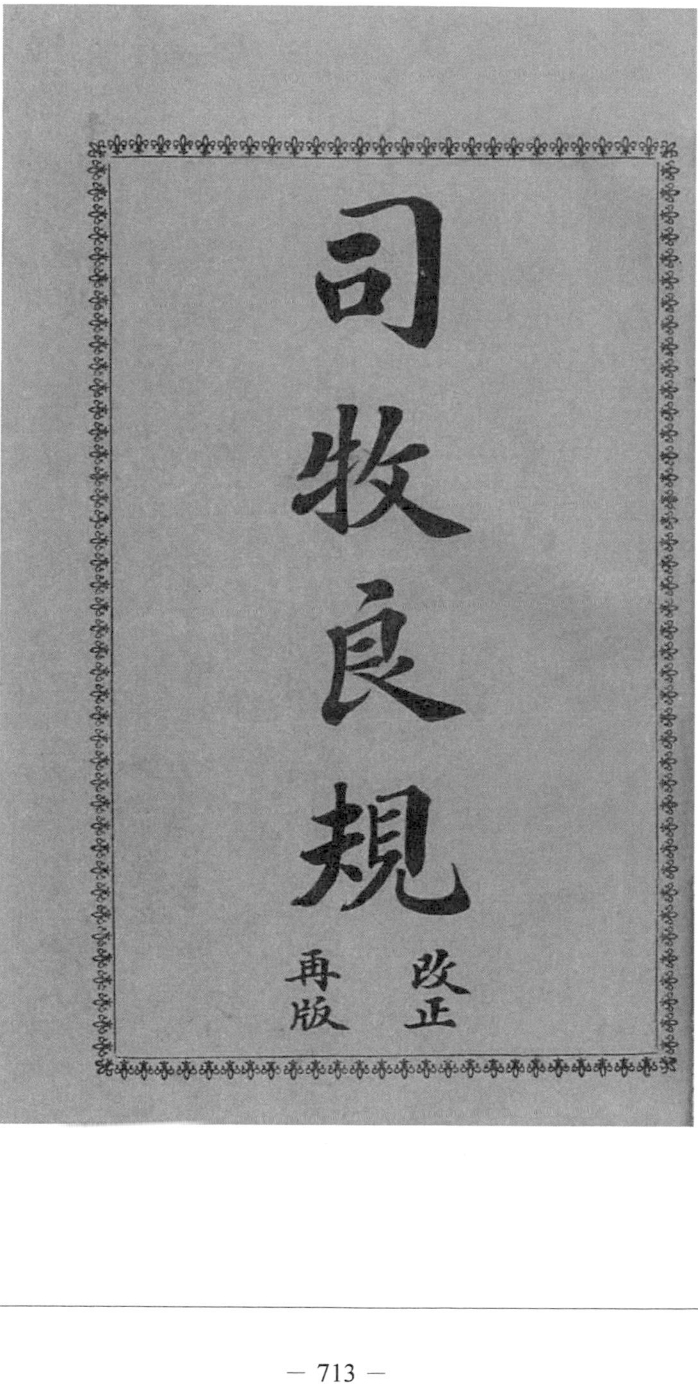
司牧良規
改正
再版

神學教科書　青州神學校撰

司牧良規

改正再版

主後一千九百十六年　上海廣學會印行

PASTORAL THEOLOGY

THE PASTOR

IN THE

VARIOUS DUTIES OF HIS OFFICE

BY

THOMAS MURPHY, D.D.

Translated and adapted to the needs of the Chinese Pastor

BY

W. M. HAYES, D.D., LL.D.

Tsingchowfu Theological College

SECOND EDITION
REVISED

SHANGHAI
CHRISTIAN LITERATURE SOCIETY
1916

序

是書之作本於美教牧慕爾腓 Murphy 之原著名曰教牧學 Pastoral Theology 原著內容雖富然不便課徒以勸勉頗多且與華會情事有不合者八年前余教授華生譯有草稿後經兩次教授删其不合增其所缺反復斟酌冀臻完善初印售盡時經周君鵬翔劉君子耀校潤重印今又罄矣遂同譚君述銘脩飾之再行出板若與武林吉教牧 Ohlinger 所繹聶彼得 Nieppert 教師之法參觀之則美之長老會德之美以美會於是學之匯歸可窺其涯涘矣至教授此學之法教員可各抒己見隨時取譬爲喻爲戒俾學者玩索有得明幼學壯行實爲一事作天國僕勤職守即以行學問也此書全體之要不在記憶乃在明理受感而體行也教會名詞多取自長老會推之各公會其理亦同區區之意白於知己諒不以余言爲河漢也

主後一千九百十六年春　赫士識於青郡神道學校

Preface to the Second Edition

Though the first edition of this work was prepared hurriedly, its exhaustion in the course of a few years shows that it has, in some measure at least, met the needs of the Chinese pastorate.

The present edition has been carefully revised and while, as a result, it may be further away from the American original on which it was based, it is hoped that it may be that much nearer to China.

It is probably too much to expect that all redundancies and verbal infelicities have been eliminated, yet it is safe to say that their number has been materially reduced. Thanks are due to my colleague, Rev. Liu Yen T'ing, for his criticisms on the first edition, and further suggestions from those using the book will be welcomed.

W. M. HAYES.

Tsingchowfu, Shantung.
April 13th, 1916.

司牧良規目錄

司牧良規

第一章　引論

第一節

教牧學之宗旨○是書之作、蓋欲啟迪聖教牧師、俾其於榮神救人行道之分、有則傚焉．故書中所論、非神道總論、教會歷史、聖經註釋等事、乃專論教牧應有之道德、宜存之虔誠、與接人處事之規則、並如何遵守經訓、則傚救主、敬事天父、引迷亡之衆歸入主圈、賴天糧之養而得救耳。

第二節

教牧學之沿革○教牧一職、本於舊約、而新約中尤有明訓、（太十章全）且救主所言、既詳於書、可知非惟立法當時、亦爲垂訓後世也．迨至使徒之世、聖靈藉口保羅、啓發提摩太提多等、肩任是職、既詳且備、足見司牧之職、　神所注重、任是職者、皆當奮勉力行也。至使徒逝世、（卽主後百餘年聖道未失眞傳教牧尙未攬權之世）司牧之職、皆使徒後人承之、世代相沿、直至教會改革之世。彼時學教牧者、多留教牧之家、讀其書而傚其行、立法固便、然未盡善也、蓋善爲牧者、未必善爲師、善爲師者、未必善爲牧也。嗣後教會興盛、職務浩繁、其法礙難倣行、遂特設學校、聘選教員、專授司牧之學、而成近日之神學校焉。

第三節

教牧學之本原○凡學各有其本原、本原正方有實用、本原失則流弊滋多、凡學皆然、而教牧學尤甚、蓋教牧學爲造就人才、牧養教會、如不端本淸源、安能無攬權失權之弊、守純全無疵之道哉。此學之本原、約言之有五。(一)聖經之定言。教牧之職爲　神所立、故其學之大綱、多載於聖經、提前四章十二至十六·六章十一至十五·提後二章十四至廿六·四章一至八·多二章七、八·徒廿章廿八如細攷之、可知其包容之廣矣。詳味，，宜宣道‘‘一言、知主之僕役、所宜宣告者、非格致之理、富強之術、乃聖經之道也。審思，，爾宜慎己‘‘一語、實多賅教牧之天職、內而持己、宜修德勵行、外而接人、當慈藹忠信、無論處何時地、皆不可輕忽將事也。深究，，爲慎全羣牧　神之會‘‘一言、足徵作教牧者、在一己當防迷誤、免引教衆喪失家鄉、在他人則當按闕乏、使之各得育養、如安慰愁苦、扶持懦弱、醫治殘疾等事。凡此皆爲　神之定言、故列於教會所定諸例之上。此外聖經之定言尚多、學者皆宜熟讀精思、不可須臾離也。二基督之性質。教牧一職、原爲彰顯基督之神性、蓋救人之能力、本於基督之爲 神爲人、故使人洞曉基督之神性、而不至有所誤會、實爲教牧一大要務。誠如是也、則教牧愈有導人信主之能矣。三世人之性情。吾人原有之知能、嗣後之頹敗、偏僻之習、異同之見、易受之惑、及易生之感悟、作教牧者、如皆洞悉原委、以破除之而啟其善念、適如對症下藥、如是則愈有化導之能矣。四古今之良規。人之爲學、或攷覈古法、或則倣今式、皆闕一不可者也。蓋人不可泥古、亦不可非今、如周易所謂、不可爲典要、惟便所適是也。凡於聖經所載使徒行教之法、於史記所知先賢宣道之事、皆宜詳加研究。又時報所登、某處教會興盛、某處教會衰微、宜攷求興盛之由來、與衰微之原因。又時相聚議、參互攷證、不第交換智識、可以牧養教會、更能激發心懷、可以增修虔德。近來英美諸大城、衆教牧每月聚集、議論教務、而僻在鄉隅者、雖招聚不便、亦多於議會相聚時、互爲討論、蓋救人係牧師要務、宜廣見多聞、擇善而從、不可恃一己之成見也。五　時勢之變遷。據上四則、已見教牧學本原之梗概、然欲措置咸宜、尤宜察夫時勢。(甲)習尙之惡偏、隨時而異、如華人昔時偏於羣神之頹俗、今則偏於天演之謬論。(乙)異端之習染、古今不同、如古有懷疑於基督之永遠爲　神者、今有疑經言非全可信者、此皆爲害非淺、如不先事察明而預防之、其何以守正道而杜流弊哉。(丙)興盛教會之法、亦隨時地而異、有宜多作公祈、或奮興會者、有宜多立查經會、或主日學課者、有宜立青年會、或勉勵會者。教牧於此諸端、宜隨時察明而採用之、切勿失之固執、以前無是規、遂不倣效、尤勿失之急遽、以某端有益於彼、必有益於此、務再三思維、致其周詳、而後定其可用與否耳。又有似與聖道無妨、實則大背眞道者、如昔年賣人爲奴事、於奴之子女、隨意分賣、而不覺其非、實則背乎愛人如己之要道。又今人之拜牌位、似不背乎聖經、實則已陷拜偶像之大罪、今教會初興、窒礙頗多、教牧須謹愼一己、警戒他人、勿染斯世之汚俗則幸甚。

第四節

教牧之貴○教牧之職所以可貴者、約有二端。一則設是職者、非他人、乃教會之元首、基督耶穌也。主所設者、固不止教牧一職、然世世相傳、至今尚未湮沒者、惟此而已。一則膺此職者、非營俗務、上而敬事創造宇宙、養育世人之眞神、信仰捨身救世、審判天下之救主。下而敗滅撒但之權、惡魔之勢、在幽暗世界、預備光明天國、使凡信主者、得見主榮而享永福。由斯二者、知此職之尊貴、非同人爵、此職之義務、非屬塵世、祇承天父之重託、經營天國之要務、是教牧者、以人而得任天職、其尊貴蓋何如也。

第五節

教牧之難○任教牧之職、其難有四。一在己之難。教牧雖膺重職、敬天憫人、究其賦秉之性、原與常人無異、故凡常人所有之愚昧、懦弱、冷淡、怠惰、以及疑慮、試煉等事、教牧亦難盡免、此阻難之生於內者也。二在人之難。常人每以俗事縈懷、世務紛心、凡所營謀、多屬當世名利、而教牧所宣講所研究、無一非克己益人之道、悔罪遷善之德。並勸以守禮拜、查聖經、遠避罪惡之汚染、預備一生之終局。類此情事、俗人聞之、每多齟齬、故有時村衆羣處、教牧偶臨、則紛然走散、甚或教衆聚談、教牧戾止、即闃然逃避。夫教牧亦人情也、我以熱心苦口、事事求益於人、而人無端以此惡感相報、撫心以思、能無悵然、此又難之自外至者也。三在魔鬼之難。凡在俗事、或無魔鬼之阻礙、惟於聖道、撒但則巧施其伎倆。觀稗子之喻、可知於人本性偏惡之外、魔鬼又將背道之念、種於其心。四在成效不顯。夫人執業他途、多有成績可觀、惟教牧職務、屬乎靈界、縱有成效、亦祕密不顯、又加以成見之累、物欲之蔽、故教牧任職有年、而終不喪厥志者鮮矣。然雖有此諸難、究非不可勝任、如時加謹慎、切祈　神助、則可勝在己之難。如熱切在中、專心榮主、人雖不欲領受眞理、而天良未泯、終必有萌蘗之生、則可勝在人之難。論在魔鬼之難、宜念保羅之言、“若　神佑我、誰能敵我哉。”至因成效不顯、遂喪厥志者、當念服役之人、雖不明主人所爲、仍宜盡心供職、不可因成效未著、卽曠職不修、蓋惟如此而行、始堪爲主之忠僕也。

第六節

教牧如何從學○教牧之重要、既如前所述、從斯學者、宜如何盡其心力。一學求精詳。蓋教牧之職、所造者人才也、所培者道德也、非深加研究、不足明其底蘊、非學致精詳、難以奏有實效。觀保羅囑亞基布之言曰、「爾於主所受之役、爾其愼以成之、」知受主重託者、非謹愼詳密、不足成全之也。然則司教牧者、欲無曠職守、而勤於教務、非盡其心力、學致精詳、臨事之際、不能應用咸宜也。二詳爲修養作無愧怍之工人。（提後二章十五）所謂無愧怍者、乃所言所行、仰不愧於天、俯不怍於人、不惟殷勤將事、本分以盡、且心與道合、而潛移默化、絕無扞格之處。若是者非默思恆禱、與道融洽不能也。三學求實用。人於他學、多藉以演心力而長知識、關於日用實際者絕少、惟教牧之學、則無論理解論說、非爲修己、卽爲訓人、無一不注重於實際、故凡爲是學者、務當身體力行、切求實用、決不可紙上談兵、徒託空言也。不然一旦身任其責、職務繁而交涉多、漫無把握、辦理紛歧、不惟貽羞當躬、亦且有忝厥職矣。非謂初次任職、卽當練達如宿牧、乃謂分所當爲者、宜早爲備也。

第七節

第二章　教牧之虔德

緒言○文學、才能、論辯、固爲牧師所當備、然最不可少者、爲虔誠道德之心、蓋牧師原爲基督之代表、應具基督之儀容、而虔誠道德之心、卽有基督儀容之實據也。苟牧師舍此不求、而汲汲他學、非特文學平庸者、不足濟事、卽出類拔萃者、亦難望成功。蓋論時事俗情、固賴文學口辯、而在道德眞理、則貴實踐躬行。彼置虔德於度外、專心哲理科學者、雖於宣講之際、侃侃直言、娓娓動聽、究不能感人衷懷、益人身心、誠以冰冷之理、無化導之能也。爲牧師者、苟能仰求靈力、勤加奮勉、於虔誠之道、時時注意、在在盡心、庶幾無曠職守、計日成功、而收實效焉。

第一支　虔德爲教牧首要

第八節

有虔德始稱其名○聖經所載、教牧之稱、不一而足．推其由來、皆藉聖靈妥愼議定、各有要義存焉。一 如牧師之稱、乃本於耶穌之爲善牧、藉表教牧與主、同工同勞、(哥後六章一) 有牧養教育之責。設己尚未知樂郊茂草之所在、安能導引他人而爲之牧、己尚昧於羊門義路之所向、安能敎誨他人而爲之師。是牧師者、當循大牧之模範、領羣衆出迷途而歸主圈者也．苟無虔誠道德之心、則名實不副、何以配爲牧師之稱。二 如使者之稱、乃以教牧身膺重職、負任操權、無異 神之欽使也。苟不屏除私見、遠離惡俗、體行天父旨意、彰明救主福音、而專心於虔誠道德之事、何以配當使者之名。三 如家宰之稱、乃以聖教之諸多事務、付託教牧、苟破除己見、耐心任事、則教衆賴以得益．如因循敷衍、浮言塞責、則教衆因以招辱、是教牧之職守、教會之榮辱係焉。其受託之重、職務之繁、無異 神倚重之家宰．如不以虔德存心、任勞任怨、何以無愧善良家宰之稱。他若臺上之燈、作證之人等稱、莫不各有要義．苟不以虔德存心、顯光明之行、啟人黑暗、彰救主之德、去人惡行、亦實有愧於種種尊貴之名稱矣。

第九節

有虔德心自平安○教牧若無虔德爲主作工、徒恃一己才能、人必譏其爲己求榮、非眞爲主勞力、此使其心不安者一也。牧師若無虔德、不敬　神、不愛人、雖勉強供職、登臺宣講、究之言不由衷、難免有慚愧之色、與虔誠門徒交往之際、亦愧怍交集、自覺不配、此使其心不安者二也。惟有虔德切心救人者、無論境遇甘苦、處之皆樂、雖作事宣講、未顯高明之才、而虔德所及、愛人愛主、天良即覺無愧、况盡心營職、良善之士、莫不尊敬、縱有一二見憎者、有上主爲友、心內畢竟平安、因有虔德、其工自亨通也。

第十節

有虔德始堪作則○教牧之牧養教會也、不祗在其宣講之才、更在其實行之德、所講者或艱深虛幻、教衆或難以取法、然所行者則淺顯昭著、人人可得而倣傚。教牧之作人矜式、聖經之中、顯有明訓、如保羅以己爲　神之書信、爲衆人所披閱、並以作人之標準、諄諄誥誡提摩太提多等人、（提前三章一至七·四章十二·多二章七）

第十一節

如彼得之勸言、亦以作羣羊之模範爲要。（彼前五章二至四）苟教牧未能以虔誠之心、
充實於己、爲能以善行之光、返照於人、蓋己身不正、而能正人者尠矣。
有虔德始合衆望○教衆之聘請牧師、以其道德在躬、可養人之道德也、故牧
師之虔德、卽爲教衆所景慕。然則虔德者、固教牧之資本、所宜最注意者也。苟
教牧無虔德、猶如居官乏治才、作師無學問、分所應有者、竟自放棄、雖具有他
長、而習非所用、人安得不鄙之哉。然教牧既負非常之盛名、集非常之重望、縱
深自惕厲、勤於修養、亦未必事事副乎衆心、蓋爲之友者、或期望過高、設想之
地位、非牧師所能及。爲之敵者、或吹求過甚、評論苛細、非教牧所能防。或調處
祕事、未便宣示、不悉此中情形者、輒信口雌黃、議論紛騰。或偶不及檢、事未周
詳、不曲體人情者、遂忘却諸善、任加訾議。教牧値此境地、宜孜孜供職、不生灰
心喪志之萌。更宜彰虔誠道德之實、作事在在忠心倣效　神國之家宰、接人
處處謙和、無動怒爭鬧之見端、又不可唆挑是非、啓人爭釁。宜言所當言、不失

教牧體統、行所當行、不離救主模範．加以見善如不及、切慕聖靈之相助、見不善如探湯、嚴拒魔鬼之誘惑。持之日久、和藹之氣、流露言表、清潔之行、著於動作．斯時也、人口雖嘖有煩言、己心則絕無憂戚、安能不蒙　神悅納、感人欽佩哉。

第十二節

有虔德始能化人〇人心每堅如鐵石、冷若冰霜、欲啓其善念、生其道心、非感之化之不爲功．蓋鐵石之堅、鎔以烈火則輭如泥、冰霜之冷、臨以晨光則化爲水。變化人心、亦不外此理、必示以方法、指以正路、破人迷惑、啓人愚昧、使凡見聞之者、俯察己身、因而見己之惡念邪情、欲一時去盡．仰觀主德、因而見主之聖潔公義、欲常與相親．由是薰陶日久、惡心消散、善念發生、遽然成爲新人。此等感力、乃聖靈藉恆心之祈禱、與虔誠教牧之言行宣講、所特加於人心、因而生出以上各種之變化焉．是知化力之由來、關於人之才學者少、賴於愛主所得之虔誠者多也。蘇革蘭之馬克新 MacCheyne 有言曰、；富有學問、不如富有愛心之力大、蓋天父所賜福者、非英敏天資、乃類主之容止也。”又曰、“鈍刀眞熱、能剖利刃所不能解之物、牧師熱切、能化博士所不能破之心。”又曰、“虔誠之牧師、乃屬 神之利刃、”從可知化人必賴虔德、有虔德始能以化人也。

第十三節

有虔德教會始興○眞道之興衰、視乎虔德之有無、設人人親慕救主、以虔誠爲懷、則今世教會、雖表面仍有缺點、而內容已蒙 神悅也。然教衆之虔德、皆教牧所提倡、教牧行虔德、教衆始有所取法、教牧言虔德、教衆始有所勤勉、故教牧有虔德、而教衆或無虔德者有之、教牧無虔德、而教衆皆有虔德者未之有也。經曰、“巴拿巴善人也、充乎聖靈與信、而歸主者益增、”蓋謂巴拿巴者、有虔德之人也、聖教於是乎興盛、此可爲有虔德者、興盛教會之的證。

總以上諸則觀之、有虔德者、其益若此、無虔德者、其害若彼、虔德之關係、如是其重、爲教牧者、可不汲汲以修之乎。

第二支　修虔德之工

第十四節

勤祈禱〇人之天資明敏者、其明聖道也較易、而人與聖道融洽、作一虔誠之士、則於天資無關、實由熱切祈禱、聖靈感化之所致。故主於此特申其訓、且綴以父必以善物予子之言。(路十一章)又恐人不會其意、於次節復爲重申之、使吾人咸知天父樂賜聖靈於求之者、故教牧宜時爲祈禱、求聖靈充滿己心、並宜持以恆心、加以熱力、直至得也。逮其爲主作工、宣講縱未能過人、而虔誠所及、人多被感、旁觀者或未悉其能力之由來、其實則因　神與之同在也。夫凡善爲教牧者、天資學問、未必高出乎衆、而能宣講得勝、愈於他人者、以其祈禱之工多耳、蓋欲在人中得勝者、必先在　神前得勝也。惟徒恃己力、則功效亦鮮、如雅各終夜較力、卒未得勝、及近黎明、返而祈求、　神則應其所求、稱之爲以色列(即神之君)是也。夫雅各因祈禱得其所求、可知教牧若盡心祈禱、亦可得虔德矣、審是則祈禱之功、顧不重哉。凡教中名流、同有此見、昔有一少年、天資明敏、當立爲牧師之際、其師曰、：彼有高才、亦敏於事、惟恐其身未求得聖靈也。”又英之福勒 Andrew Fuller 易簀之時、有言曰、：吾所惜者、於備講之時、未多用懇切祈禱之工。法之馬西倫 Massillon 曾勸其徒曰、：每逢宣講、須先祈禱爾之困難、不必訴於人、當訴於 神、且在其足下、宜自怨不才、怨人如怨子。”牧師所講者、既關靈魂禍福、非有聖靈導化、變爲虔誠、不能勝任、又念教牧亦人也、不免有失、更有魔鬼百端誘惑、故非殷勤祈禱、求聖靈來助、不能成爲虔誠人也。

第十五節

守晨更○爲教牧者、宜於每日晨起、用一小時或半小時、守爲晨更、作祈禱默思之功、以增益虔德。大抵牧師稍減其細務、即可能守此晨更、設爲勢所迫、偶不如此、宜取他時補之、惟不如淸晨較美耳。苟教牧日日先求 神助、則或在體恤病人、或在引人歸主、或在備講、或遇誘惑等事、可大受其益、如是則積日累年、虔德愈增、一生獲益多矣。試觀世之英豪、亦多以守晨更爲要、如美有一大臣、值事機艱鉅之際、守晨更一小時、求主相助。又有一著名之審問官、至其暮年、自謂膺此美名、乃因恆用晨更之工、於主後一八五七年、印度叛英、英之總帥 Havelock、雖全軍機務、萃於一身、然每晨仍多備時刻、祈禱上主。他如格致家貝肯 Bacon、（即首先創格致學者）天文士刻白爾 Kepler、亦莫不然。又如英之亨力 Philip Henry、自謂從學之時、若忘清晨祈禱、則“車輪終日難行”云。況教牧逐日所作、皆屬 神工、更當求 神指引也。由詩篇所載（詩五篇三、八十八篇十三）知大衛亦嘗若是、統觀於此、益知人欲有虔德、則晨更之守、爲不可少者矣。○論所以取平旦之氣、作此用者、蓋以人於他時、自主則難、於此時則較易、更因安息終夜、身心清爽、可與主相通、將此良時、靖獻於主、終日可得幸福、如愁煩變爲歡樂、苦難可蒙安慰。又因與主洽合、言行不至有失、此晨更之香氣、直可帶至黃昏、使虔德愈增焉。若每日晨起、勢不能多用此工、亦當取刻鐘之時、貴重如金。此工在人或易遺忽、然實爲教牧所不可輕忽者也。

第十六節

察經○人心易偏、偏則弊生、嘗有教牧、勞力爲人講解、而不暇自己察經、殊不思凡在信徒、均須察經、教牧尤所宜然、志在求人成聖者、在己不愈當用經成聖乎、如主有言曰、，，祈爾聖之以眞理、爾道乃眞理也‘‘教牧雖宜參閱他書、培養虔德、究不如聖經爲要。經云、，，少年人如何始能自潔、總當自守、遵行主言‘‘此固爲少年人立訓、然教牧欲自潔、亦不可舍此他求。且人愈參酌主言、卽愈類乎主容、如人愈懷惡念、愈類乎魔鬼一理。苟常察聖經、必如，，於鏡見主之榮、皆化爲主像、自榮致榮、如出乎主靈也‘‘蓋主言既爲聖潔、自有潔人之能。人察聖經、更可自知其惡，，以　神之言活潑靈通、利於兩刃之劍、能剖刺魂與靈、節與髓、心懷意念、無不監察‘‘他等書中、亦或有此能、然不及聖經遠矣、蓋以造人心之　神、洞悉人之性情也。又察經能去惑增智、如經云、，，爾言之開端、發出光耀、使愚人生智慧‘‘是已。（詩一百十九篇一百三十）要之、牧師察經、乃爲求增虔德、尤宜求示人作經之聖靈、用其意爲導引也。

第十七節

備講○教牧備講、非第爲人亦貴切己、如經所云、“爾誨人、不誨己乎、”故備講不可舍己不顧、專求人益也。當思己身於悔罪有何缺少、於道德有何阻礙、蓋人同此性情、以己量人可免“鬭拳擊空”之弊、亦可免重己輕人之咎。己知攻惡之難、方能體人去惡之難、己知脫罪之樂、始欲人得離罪之樂也。且切己立論、尤能使己前進、如理財學所謂工人有股份一理。工有股份、人人卽竭力盡心令本業不受虧損．如無股份、雖亦作工、然無關注維持之意．故教牧備講、僅切人而不切己、不惟無益於己之虔德、亦難使他人得其化導、以道中美味、己尚未得、何能分賜於人．雖宣講有年、亦不過浮言塞責而已、其在切己備講者、不惟他人受感、卽己之虔德、亦大得補助也。

第三支　修虔德之難

第十八節

視爲常事○教牧之修虔德、除人所共難之外、尙有一己之獨難、卽以與道爲事業、視爲常事、與以農商教讀爲事業者同．勸人、解經、領禱等工、既屬分內常事、遂忘其在己在人、關係何重。又以人心頑固、難施感觸、久亦漠然視之、而體恤之心淡、與醫士久見病人、失其體恤之心者同也。是以教牧欲修虔德、不可視與道爲事業、而在己在人並受其害也。

第十九節 舍己爲人○事貴有人、亦貴有己。教牧爲人求益、竟置己於局外、此無異舍己田而芸人之田、其自任亦太輕矣。飽養人之靈魂、勿餓傷己之道心、使人得益、己亦得福、斯爲盡善耳。有美以美會之監督申蓀 Simpson、論此事甚切當。其言曰、教牧考究聖經、非爲己注意、即不如他人受益之多。譬如心有苦難、欲從聖經得慰、及觀於"爾心勿憂、爾信　神亦當信我、在我父家有多居所"等類之語、當其平心默思、求得安慰之際、忽而轉念以此題勸慰教衆、則甚美善、遂計如何分段列條、如何立意講解、竟忘自求安慰矣。教牧若有此失、即少得主恩友之美味也。

第二十節 徒有虛名○以天糧養育他人、既爲教牧之常事、故人多以教牧眞屬乎主、然在人雖有是想、教牧不可自信太過、正，，宜殷勤、以堅爾召爾選、永不移也。‘‘（彼後一章十）若恃己爲　神之工人、遂覺地位已極、不求進益、卽如被中蒙藥、至死不悟、其險何大也。教牧在此宜效保羅、雖蒙悅納、仍攻克己心、，，恐宣諸人而自見棄焉。‘‘是以教牧雖爲大君差役、要務有實際、不可徒有虛名也。

第二十一節

居崇思危〇受人之託者、宜忠人之事．職在教牧、爲　神之家宰、教衆之標準、故遇人求道、宜侃侃而談、凡　神之旨意、皆直言無隱、他人沈淪之罪、方不在己。（徒廿章廿七見因爲二字）惟聖道之中、有人所欲聞者、亦有人所不欲聞者．於宣講之時、不宜附合衆心、致有偏謬、更不宜矜奇立異、駭人聽聞。外此更有所宜防者．一嫉妒、遇他教牧、名譽較高、或薪俸頗厚、不宜生忌刻心、蓋此心係自下來、易爲魔鬼所乘、而於虔德有妨、此宜防者一也。二驕傲、如自覺多明道義、卽效法利賽人之自矜、或恃己掌握教事、遂如文士之自大、此皆聖靈所特禁者（彼前五章三）此宜防者二也。三怠惰、凡備講察經、觀察教衆等事、既多歸教牧自主、無人督理、遂任意遲延、曠廢時日、有負厥職、此宜防者三也（四）嗜好、夫嗜好多則有妨職務、此必然之勢也。或過尙交往、或特好戲玩、或專習他學、或酷慕消遣、此類情事、固非盡無益、然太過則有損、且有累於虔德、此宜防者四也。凡此四弊、有則祛之、無則加勉、將哥林多前書四章一二節、懷念不忘、則庶幾矣。

第二十二節　孤立無助○阻教牧之進修虔德者、上所言諸難之外、又有一無助之難。夫錯誤則資友指摘、疑難則需人告誡、有疑思問、所以廣益也。然在教牧、則情或難安、蓋恐聞之見之者、藉爲口實、謂牧師尙多未明、況在我輩、是故或遇引誘、或有疑難、遂諱莫如深、不敢告人、則是他人有難、可求解於教牧、而教牧有難、不得共質於人也、孤立無助、是可慮已。

第四支　修虔德之助

第二十三節　得道之助○教牧進修虔德、雖有獨難、然亦有特助、蓋虔誠之道、　神既託之宣講、則凡常人所及知者、教牧無不知之、如聖靈之何以潔淨人心、世人之何

以蒙　神悅納、與夫罪惡之可惡、主恩之堪仰等事、皆教牧所深悉、自爲其修虔德之助矣。

第二十四節

激心之能○人於其職業、固皆有激勵之心、然最大而有力者、教牧所操之職業也、蓋感人者莫如聖靈、而聖靈之恩賜、則爲教牧所切求、激心者莫如救主、而救主代死之功、則爲教牧所宣播。又知、人必悔改、始能進天國、此亦激之自行悔改、並以勸人也。至有虔德之教牧、以愛慕教衆爲樂、此更激之愼其所爲、以防教會受辱。外此、如職任之重大、教衆之毀譽、要皆有激發之能、足使教牧非第勸人、亦激己進修虔德、大有美善之式也。

第二十五節

自行謹持○凡明哲之士、皆知言行稱其地位、惟地位愈高、稱職愈難、如教牧之身、既爲大衆景仰、信徒尊崇、推其職守、非第爲教衆之牧、實亦爲大君之使也、故其言行、誠如保羅之言、不惟爲世人觀望、亦被天使觀望、教牧一念及此、自必約束身心、厚重自持、而不敢輕佻恣肆、汚辱主之聖教矣。誠如是也、雖初時頗覺拘束、終則大有裨益、以自行謹持、非第可保守虔德、久之罪惡形影、亦遠避之、因而於一切職務內、時效大牧之式焉。

第二十六節 見聞之助○望視病人、安慰悲傷者、爲教牧之常事、故於人因罪而生之畏懼、因善而生之喜樂、知之倍切。見惡人自恨之苦、幾如見地獄之刑、見善人臨終之樂、幾如見天堂之福、來世速臨、其據原已所深悉、苟心非木石、覩此情形、安能不反躬自問、激之將身與靈、作聖潔活祭、全獻於　神乎。

第二十七節 專責之益○教牧既以道爲專責、自宜注意於此、使所志者、在上而不在下。或考察　神造萬物之奧妙、或思維救主爲人之性情、或計議使福音廣播、或謀慮教衆得益、凡此不第多得化導、亦能阻魔鬼乘虛而入。以道爲務、專其職守、如製器然、心專則製造愈精、如經商然、心專則獲利自厚、故專心職務之牧師、亦能進修虔德、爲一忠善之僕矣。

第二十八節 代禱之助○虔誠之信徒、固宜爲君王政府祈禱、然更宜爲教牧祈禱、以興盛天國之力、在教牧居多也。夫天國之興盛、既爲教衆所切盼、故不獨在會堂時、爲教牧代禱在家亦然、而牧師亦當效保羅、警醒教民、代爲祈禱。（弗六章十九）設衆人之禱告、實出虔誠、其祈禱卽大有力、而聖靈所以降臨輔助　神之僕人、亦因此也。

第三章　教牧之學問

第二十九節

緒言○教牧所重、首在道德、其次莫要於道學、蓋已則不知、何能教人、已則未確、何能堅人之信乎。況無學問者見聞不廣、心才未練、所謀者多有不妥、所講者言繁意淺、實難利人、故曰教牧之學問、亦最要也。

第一支　攻書之益

第三十節

啓發心思○開卷有益、盡人而知、蓋以人心之靈、非時考究義理、以錀其才思、卽不能辨是非、察眞僞、卽能辨察、亦難臻妥適、故於宣道及他等職務、自難盡其美善焉。或曰、宣道賴聖靈指示足矣、何需其他、不知聖靈之能力、藉人力而顯、設不盡心力、則難望聖靈之助、如保羅雖多蒙聖靈之賜、然其暮年猶手不釋卷、並勸提摩太專務誦讀勸勉訓誨、又云凡此諸事、爾其致意而專務之、使爾之長、盡顯於衆由此足見進修之道何在矣、故教牧不勤於攻書奮發心思、是自愚也。

第三十一節

中防空虛○爲牧師者、時以道發明於外、亦宜輸灌於內、若僅閱一二報章、而廢弛查經、及研究他種要書之功、卽有時觀之、亦不深究其理、其宣講也、亦何以有實義哉。泰西教牧、皆有攻書之室、此失猶或不免、況中國教牧多無書室、能無是乎。大抵作教牧於數年後、其所備聖論、平庸無奇者、卽因少此功耳。然則爲教牧者、烏可不時常攻書、易空虛以充實哉。

第三十二節

有益備講○教牧所言、雖以贖罪之功爲大題、然不多攻書、遠徵博引、卽難推出要意、動人聽聞。昔英有一大臣云、教牧於每主日、二三次宣講、猶能聳聽、乃吾所最奇異者、不知天國庫中、有新舊珍寶、取用甚富、要在人求與不求耳。至求之之道、在融會貫通、有得於心、如此則參酌聖經、及各種要書、再加以揣度人性、體察　神恩、即無慮所言不合矣、否則不能動聽、易使人厭聞、以其皆陳言絮語也。

第三十三節

藉以榮　神○觀舊約所載、　神命祭司、搗極清之油、爲主殿燃燈、以極細之麵、爲主壇獻祭、玩此極清極細之意、蓋曉喩吾人、宜盡心力、服事上主也。又觀大衛致祭之言曰、“我不可以易得者、獻於吾　神耶和華、”可知吾儕於分所當爲者、不宜輕忽將事、若一涉輕忽、不惟有負於人、抑且有負於主。如此在　神則責以怠惰、分有未盡、在人則議以無學、不稱厥職、故吾人爲　神作工、代主宣講、宜攻書以考理、否則難以盡職、更難引人敬事上主、反因已之惰行、陷人於過失矣、可不愼歟。

第三十四節

愼重宣講○教牧宣講、固宜有應口而出之才、以備不時之需、但習慣此性、則流弊滋多、蓋此應口之語、多屬昔日成說、雖藉用甚當、而人反覺寬浮。大抵攻書不專者、易蹈此弊、縱有一二相宜之處、亦不能首尾相應、有條不紊、完成不易之論。每見天資英敏口給素嫻者、惟因無攻書之功、致不能盡其職務、負主重託、良可歎也。且此口給之才、於人非絕無小補、然實未有大益也。○統觀此五者、知教牧之職、宜專心致志、研究聖經、及各種要書、以備宣講時、有所引用、更宜取聖經註解、詳爲參考、與在 神學時、學羅馬、以弗所等書同。雖竟年所學、不過一二要書、然取用不竭、若逢源活水、可賴之解無數慕道者之渴焉。

第三十五節

附論作事循序之利益、約分三則如左。

可多成功○凡人職務浩繁、若動作無序、成功必少、若操作有常、收效必多。人在學校肄業、較之居家潛修、時半而功倍者、正以此也。蓋學者肄業校中、若不按班就序、或學有不及、即自懷慚、以求進益、在家則不若是也。如此則教牧一身、舍攻書查經之外、更探望病人、周旋教內、布道教外、監視諸務、設使無序、必致有曠廢之咎。雖不敢言定某時必作何工、然有條不紊、成事自多、如以箱裝物、按序者、較無序者、可加倍、可知循序作工之人、其成功必倍於無序者也。

第三十六節

可省時日○人之言曰、吾甚欲攻書、第苦無其時、究之非無其時、惟不善用之也。嘗見動作無序之人、胸無成謀、一事未畢、又更一事、徒形忙碌、卒無所成．乃如之人、適如羅馬皇奧利留馬可云、亦祗妄費如許良辰耳。西諺有之曰、求人相助、當求多謀之人．意謂多謀者、佈置有常、必能簡捷、有暇助人、可知作工有常規者、雖如被束縛、究比無常規者、從容多矣。況工作有常、縱猝遇不虞、間阻吾工、致不能循序而進、則將吾工移於是日之暇時、或至次日、以補之可也。

第三十七節

可免遺忘○教牧於其正務之外、更有多事、如修函、習文、作論、望慰教衆、照理家務等事．若循序爲之、自不至有所遺忘、否則顚亂無序、始則忙碌、久則遺忘矣。更有人作事、非毫無序、惟因無定時、故遺忘亦所不免。試觀世之大有爲者、皆以按時就序爲要、如法之拿破崙第一、因其書記員某就事每遲數分、遂拂然曰、爾來何屢宴也．對曰錶有誤．曰然速易爾錶、否則吾易書記焉。美總統華盛頓、凡事盡按定時、其延客也、有不及時者、彼必命按時入座。英之大提督內勒森 Nelson 、凡事不惟按照定時、且必較早一刻。其自敘曰、，吾之得至此位者、卽因吾先人著鞭耳、'' 可見英豪所憎惡者、卽動作無常。無定序之人、不惟於己有礙、於人有妨、亦最易有誤要圖。惟動作有序者、不惟於要圖無誤、卽在細務、亦不至遺忘。教牧代人謀事、尤宜按時爲之、不可遺忘。若已有成約、宜實踐前言、否則失信於人、卽有損於名譽、與職業不合矣。在他人遺忘而失信、已難辭厥咎、而在教牧、則尤屬非宜、故宜謹防遺忘失信之弊焉。

第三十八節

第二支　教牧之工宜早爲備

先事草創○教牧之職司、雖不能凡事預定、然於大綱要領、宜先爲草創、否則不能作事之主、而反爲事之奴矣。先事爲備者、如富家諸物充盈、取求應手。於臨事方備者、如窶人百事拮据、僅供饔飧。教牧之早爲備、與不早爲備、其情事適同此也。雖早備之稿、嗣後未必盡用、然忽逢急務、則可免誤事、有失衆望之咎。昔人云、備預不虞、古訓良不誣也、試分論之。

第三十九節

內心得安○有教牧逐日匆忙、內心不得安然者、非因其汲汲供職、過勞心力而然、實因不早爲謀、遇事急遽耳。設早爲之備、得有把握、則內心平安、且無慮所爲不妥、所言不當。人見教牧擘畫盡善、處置得宜、亦咸服其爲有才能之人矣。

第四十節

臨事從容○昔有明哲教牧、謂工作之要訣、可以二字概之、卽匆急是也。若人果能凡事如此、則過失少而成工多、且可藉以延年焉。夫匆急之意、非故意遲緩之謂、乃言先有籌備、臨時施行、不至張皇無措也。蓋教牧一日之內、既有常工、再加以二三偶然之事、勢易蹈此急遽之弊。欲防此弊、宜如上支所言、工作有序、再如本支所言、早爲之備。如此不惟所行應心、並可有消遣、及交友餘暇也。

第四十一節

遇繁不亂○教牧一日所將遇、不敢必其爲何、如啟愚蒙、慰憂苦、理喪事、領公祈、接客旅、凡此諸事、其來無常、情實難却。更有主日宣講、尤爲要事、是以心思紛紜、事務雜沓、如不先爲備、難免有誤職守。惟早有備、雖有意外之端、忽投目前、亦能照理、不至亂雜無序、蓋先事爲謀、非違主勿爲明日慮之訓、正爲免明日憂慮之策耳。

第四十二節 成功較多〇人無論任何職司、專心則成功必多。惟欲求心專、必先心安。欲使心安、非早有備不能也。蓋無先事之備者、一旦衆情交加、心神惶恐、手足莫知所措、欲其心安而專也、難矣。惟早有謀者、則心有主持、自不外馳、百端紛投、亦可安然相待、逆來順應、所成者自美善矣。且心既專一、則統計年內、成功必多、亦可綽有餘暇、涉及他務、如著論、教聖日課、參觀學校等事。總之爲教牧者、欲心安弗擾、臨事從容、處繁不亂、成功多美、無他、在早爲籌畫而已。

第三支　教牧宜熟聖經

第四十三節 緒言〇教牧之職務、以聖經爲資本、不熟讀之、不能滋生餘利也。譬如醫士、欲著手成春、須精通方書、法官欲審判得當、須深明法律。然則爲教牧者、欲領人相信、亦須熟讀聖經也。况聖經之內、詳載　神旨、若不熟讀、何能多知。且熟讀聖經、即得大力、緊古以來、確有明證、如亞波羅之口才、提摩太之智慧、路得Luther、克勒分Calvin、慕笛Moody、諸公之堅立聖教、駁斥異端、皆以其熟習聖經也。雖不敢謂、凡熟經訓者、盡人如此、然自古迄今、在聖道大有裨益者、實莫不由此。保羅云，我所語、我所宣、不在智之婉言、惟在靈與能之明證。爲聖靈作證者、即聖經也、可不察乎。又聖經爲吾人所用之比喩、證據、標準、第一淵源、而爲人所樂聞者、故宜熟讀之、銘刻於心。聖經亦爲聖靈之寶劍、更當謹持而不置也。茲將助人察經之法、舉之如左。

第四十四節

參觀註解○今之教牧每有言曰、吾人不必多用註解、詳審聖經足矣。査經固美、然將古今哲士、從聖經得出之意、概置不論、亦未盡善也。譬有歷家、於前之天文士所悟之理、概不之觀、而自行窺測、終必無成、以歷學深奧、非一人一世所能精也．人於聖經亦然、查經文而不觀註解、亦將多有不明之處矣。人之天資學力、原不相同、此人之所得、彼人或未思及、古人所已知、今人或未知．是以教牧宜參觀註解、庶能多明經旨也、惟宜擇其善者而考之、免有誤光陰耳。總之、聖經如一大寶田、內藏如許奇珍、有善於導引、使吾多得其寶者、卽宜尋其導引也。

第四十五節

參考聖經○聖經全卷、彼此表裏、交相爲證、自成最美之註解、必參考之、方能通曉無疑、一一相符也。如教牧稱爲家宰之說、哥林多前書四章二節、則言貴有忠心．彼得前書四章十節、則言其互相服役、提多書一章七節、則言其無可指摘．路加十二章四十二至四十四節、乃言忠智家宰將來如何．取此諸書、互相參考、則家宰所應盡之義務、可以瞭然矣。又聖經所載道之大端、非一處記載周備、如得救之道、曰因信得救．曰賴恩得救．曰吾人得救、是在乎望．曰人之得救、必須重生．可見參考聖經、始免偏解而誤講耳。如此察經、所得之意、庶幾完美、且於道之大端、皆得聖經爲據、並可藉之以訓他人。

第四十六節 以綱目讀經○按章節字句、考察聖經、固爲有益、然不若按英文之新繙譯、循其段落讀之、爲尤善也、蓋讀畢一段、始可會通要領、得知其用意何在。苟讀數節卽止、則如童子讀書、第論行數、不顧章旨、如之何其可也。况聖經所分章節、有不當者、或此章已盡、而所論之事尙未畢者、或於本章之末、復舉他端者、故查經僅按章節、不顧段落、卽易誤其意也。

第四十七節 聖經地輿○聖經地輿、於新約之上半部、及舊約史記、最有相關、雖其所載、不易全記、惟緊要之城邑、及鄰國之交界、則宜知之、如取一爲中區、由此推彼、卽可確有把握。至城之緊要與否、不在其大小、而在其事何如也。茲取其緊要十城、一一列之、俾查聖經地理者、得有資助焉。一 別是巴在耶路撒冷西南、約一百二十五里、與曠野交界、爲以色列人列祖之故鄉。二 希百崙在耶路撒冷南、約四十八里、爲列祖墓地所在、又爲大衛首建之京城。三 撒馬利亞在耶路撒冷北、約百有十五里、係分國之後、以色列國之京都。四 迦百農、在耶路撒冷北、約二百四十里、即主晚年宣道所居、亦其廣行奇跡之區。五 但、在耶路撒冷北、約三百三十里、爲聖地極北之城、亦耶羅波暗置金牛之一處。若將此城在北之里數、與別是巴在南之里數相加、即得聖地南北之長。六 推羅、在耶路撒冷西北、約三百二十里、即古時聖地之第一大商埠也。七 約帕、在耶路撒冷西、一百有五里、爲近時聖京之海口。八 拏撒勒、在迦百農西南、約有六十里。九 基列拉末、在約但河東、耶路撒冷東北、約百二十里、爲聖地古時河外第一要城、極爲鞏固、又爲逃城。十 安提阿、自耶路撒冷計之、北去約有千里之遙、自主後四十四年、爲聖教之一中區、亦即布道於外、教會之原所。以上十城、若切記之、既可推他處之坐落、又可推他處之遠近矣。若即本府縣相去之遠近與聖地小城邑之距數相較可略知聖地之大小矣

第四十八節

聖史緊要之時日〇論聖史最古之年期、衆說紛紜、究其有定時者、歷歷計之、

可知其重要時代。卽此時代、遞相較之、則每時代相去之久暫、可推而知矣。

茲歷舉緊要之時代如左。

洪水滅世	主前二千三百四十八年
亞伯拉罕被召	一千九百二十一年
雅各下埃及	一千七百有六年
以色列人出埃及	一千四百九十一年
以色列人入迦南	一千四百五十一年
以色列人立王	一千有九十五年
分國	九百七十五年
迦勒底人毀耶路撒冷	五百八十七年
舊約成書	三百九十七年
猶太國被滅	主後七十年

由上表推得以下諸世

自洪水至亞伯拉罕（挪亞之世）	計四百二十七年
列祖之世	計二百十五年
寄居埃及之世	計二百十五年
飄流曠野	計四十年
士師治國之世	計三百五十六年
王國未分之世	計百二十年
分國之世	計三百八十八年
自被擄至豫言停止時	計一百九十年
豫言停止之世	計三百九十七年
猶太國被試之世	計七十年

第四十九節 循序察經○無論教牧教衆、於察經一事、皆貴有序、不宜隨意涉獵、在教牧關

第五十節

係尤重。欲其有序、宜於聖經六十六卷中、選出一卷、察明其道義、來歷、並聖教當時之景況、然後更易他卷。久之自得其美味、如詩篇云、「爾言之味、在我胸次、甚覺甘美、在我口中、較蜜尤甜」、是也。誠能如是、在職業如增資本、在當躬默受感化、逮後宣講時、自有感力矣。又教牧宣講、若能如古先知所云、「此神之言也」、則聞者不得致辨、亦多受感、以所言者、不憑己意、乃藉 神言也。

記誦經文○教牧固多注意聖經之定言、外此宜多記誦之功、如論聖父、聖子、聖靈三位一體之性情、及其完全良善慈愛等事、更宜記誦不忘也。若夫聖靈之效果、信徒之本分、教會將來之景況、並主之儆戒、允許、與安慰、皆須默識不忘。如此凡望視病人、安慰困苦、拯救迷亡、在祈禱、在談經、以「訓誨督責、使人歸正、教人學義」等事、無論爲比喻、爲證據、皆有益焉。即與人辯道、或已有難、而經言亦「足前之明燈、路途之光耀」。至記誦之法、人雖各異、要皆貴有恆力、如每日記誦一節、積至終年、所得聖靈之兵械、必見其多、而應用無窮矣。

第四支　書室備講（此原屬宣道良規故不言條目僅即關於牧師職務者略列論之）

第五十一節　緒言○教牧遇教會要務、聽講者衆、無不竭力爲備、廣儲美意、然每值宣講、皆應如此、因人之受感與否、不在聽者之多少、況急需此訓者、正不知爲誰乎。於備講之時、亦不可輕視此題、不如彼題爲要、或者目前之人、正需此訓也。宜效保羅、「心悅服役、如於主而非如於人、」又當循所羅門之言、「凡爾手所經營者、皆盡力經營之。」惟所言盡力之意、非謂汲汲備講、盡棄他工、乃謂多用時日、參思題義及體要所在。提綱挈領、既已認眞、理自透澈、則意到筆隨、不費一日之工、即可段條分明。若備妥之時、適值宣講之日、即可省熟演之工焉。至所以當竭力備講、亦有數故。

第五十二節　一爲要忠託○教牧所受之付託、首重宣講、故宜竭力爲之。昔保羅知其蒙召、非爲役几筵、亦非爲施洗、乃爲宣福音、故曰、「吾若不宣福音、即有禍矣。」在常人雖不及保羅之熱切、然既爲此蒙召、則宜效保羅、斷不可涉於輕忽、蓋代

神宣道（彼前四章十一）一事、關係重大也。（見第一章總論）

第五十三節

二　為要稱職○人有恆言、不日進則日退、於宣講亦然、故教牧非多用備講之功、以求進益、必有後退之慮焉．設備講功深、宣講則無不善、備講功懈、宣講即多未當、此必然也。惟在先備之際、審題透澈、秩序清晰、廣得題中美意、加以引用靈通、卽大有感力矣．至於能保此而不失者、其道在，，忘乎後而奮乎前，，耳。

第五十四節

三　為人多益○教牧有美善之論、卽不能立見效果、然歷時既久、則可致多人聽信、教衆亦大有進益、因道心靈通、可辨眞僞矣。審是可知人之不樂聽道、教衆之於道無進益者、大抵因教牧未盡備講之工耳．蓋盡心為備、在人未有不樂聽聞、教衆亦少有不獲益者也。

第五十五節

四　為己心樂○人作一善舉、非必待成功之後、其心始樂也、於將事之際、早已欣然於中、快然自足．教牧若竭力備講、其備時之悅樂、亦有同情焉．如學格致者、每悟得未知之理、中心自饒悅豫。至宣講之時、見人受感之容色、其悅樂之大、更不言而喻矣。但如此樂趣、惟努力爲備者可獲之、若夫安逸是好、苟且塞責者、安得有是哉。

第五十六節

五 爲益將來○教牧演講、固不可相習錄舊、然美善論說、則宜存稿、以備不時之需、如或染疾、無力作備、或遇要事、無暇備意、或被請連講、而不及爲備、若存佳稿、則可取用、較美於倉猝爲備也。更於暮年、弗克登臺訓人、擇存稿之佳者、重爲校之、或登之於報、或刊之爲書、如此不第使當時之人受訓、後世亦蒙其化導焉。

第五支　從學及閱報

第五十七節

宜求科學○教牧於科學等書、雖不必求成專家、亦不宜置之弗顧、甘居人下也。一 諸科學所論者、皆足顯　神之作爲、(羅一章十九、廿 詩十九篇全) 故教牧愈明通科學、愈知　神之權能、智慧、慈愛之大、如謂不必務此、則不合經言矣。二 明通科學、可藉以開導人、於人不知有　神之據、可引證據示之、使得見　神之工作、皈依造化之主．又使之知萬物非自然化生、亦非無中生有、乃有創造之主也。如此使之知在於萬物、皆有歸結、況在於人、　神必按公義判斷萬民焉。三不明科學、或被人輕視、因而亦難為人信服．且教衆見教牧甘在下風、或引以為恥、則其感力亦減少矣。至他教之書、教牧亦宜曉其大綱、以辨正其誤、而指人迷津。外此更求練達人情、藉人所崇信之眞理、乘機陳述聖道、引之歸主、此高明教牧常用之規也。又教會之學校、亦詳為籌畫、改良書籍、使日進於美善。總之、為教牧者、宜於各等科學、得暇卽學、雖不可以此致累己心、然務求得其裨益、藉以廣興主道焉。

第五十八節

多閱報章〇人生斯世、卽宜知斯世之要事、故教牧不可不閱報也．蓋緊要之新聞、新出之學說、惑人之新教黨、及新理說、皆不可不知。最要者、宜知各處聖道之興衰、並其興衰之由來．更宜知近今布道之善規、及人心之歸向。如中國教會今

第五十九節

（多有合會之意此爲前年所無者）似此一切、既登之報章、教牧如置之不閱、何由得知乎。

第四章　教牧講臺之工

宣講爲教牧之首要○前論教牧之私修、備作致用基礎、茲則論其公務、其中首要、即宣道之責也、（見五十三節）蓋教牧之立、原爲宣道救人、觀哥林多前書一章二十一節、明示宣道爲　神預定救人之方、以道宣播於人、較之一切、尤能引人歸主。「若未信之、何由籲之、若未聞之、何由信之、若未宣之、何由聞之、」保羅告提摩太曰。「宜宣道、無論得時與否、皆專務之。」更有大牧作吾儕標準、如主命十二使徒畢、乃往各邑施教宣道。（太十一章一）當主遣十二使徒時、亦叮囑之、「至則言曰、天國邇矣。」（太十章七）主近升天、又語之曰、「爾爲我作證、以至地極。」（徒一章八）觀此可知教牧要務、即在宣道、如保羅曰、基督遣我、非以行洗、乃以宣福音也。

第一支　宣傳　神道

第六十節

緒言○基督爲傳福音而立教牧、非爲他事也、哥前一章十七故當操持心志、登臺宣播、否則恐與拿達亞庇戶同罪、以其在主祭壇、獻非聖之火也、試析言之。

第六十一節

遵　神之方○夫變化人心、與潔淨信徒之意、其方固多、而莫善於宣道、以其爲　神之特旨也。哥前一章廿一　昔主嘗禱曰、願爾聖之以眞理、爾之道卽眞理也。約十七章十七　顧宣　神之道、既爲　神所預立、以救人潔人者、自宜遵之弗違。或以爲別有良策、勝於宣道、而欲求其實效、則未之見也。蓋惟　神洞悉人之性情、亦惟　神明其道入人心之路、欲使人得救、必循　神所立之規焉。且人所需要、道惟　神深知、故吾儕宣福音、務求其引領。或多有人信從、或徒勞無功、則視宣講者有聖靈之能力否也。

第六十二節

神言爲題○教牧宣講聖道、有時心有所觸、取學問與時事、作喻爲戒、非謂不可、然以之爲題、則非立講之本意也。舊約時、　神命約拿曰、爾其往尼尼微宣告我所命之言。新約時、聖靈藉彼得曰、有謀道者、宜依神　之聖言、可知宣神明詔、乃爲聖道之根據也、蓋　神之言活潑有力、勝於兩刃之劍、舉凡頑固背謬之心、皆可剖刺。夫人必重生、方可得救、而聖靈之重生人、惟賴聖經、儻舍此他求、又何能甦醒人靈也。

第六十三節

宣講經訓○救人大道、備載諸經、故教牧宣講、不但宜以經爲題、亦宜將經中　神之全旨告人、斷不可藉題以陳己所好也。至於宣道之大端、如不能謂耶和華如是言曰、幾不若不言、且所講者、宜與他題參較、以免闕而不全、泛而不切、即人所不樂聞者、亦宜侃侃直陳。聖經既爲　神所默示、無一不爲眞理準則、故須懷主愛人之心、督責勸勉、訓人不惟當用經語、亦宜倣其方、凡譬喻要意、及使徒警語、均須詳究、更當倣救主在世、設教宣道之式、如此、則多得聖靈指示矣。

第六十四節

傳他務不屬教牧之職○夫文學、技藝、法政、理財諸端、雖爲緊要、然教牧所受之託、原非爲此、故以理論之、非教牧所宜爲講論也。譬之教方言者、授人以詩賦文章、監學者必不首肯、以其反對聘請之原意也。教牧受命於主、原爲傳生命之道、若諱之言他、則陷不忠之罪、非惟不蒙主悅、凡重道輕世者、皆將厭之。惟專講　神言、懇切直陳、而教衆被感、庶幾遵　神旨而行矣。

第六十五節

宣　神言爲修虔德之基〇宣講目的、爲使教衆修厥虔德也、而修虔德之要訣在悔改與重生、故宣道時、若徒言聖賢之理、世人之性、雖娛耳堪聽、然無重生之能力、不能使人與　神復和、蓋無其本、即無其效也。故教牧訓人、宜先明　神之法律、若何寬宏、若何高深、以激人之天良、待人認罪眞悔之際、即乘機宣言耶穌爲萬民救主、俾其賴主護救、以成　神旨、則　神即賜以聖靈、使人賴以滅其罪性、此修虔德之正路也。其餘一切他謀、悉無成功之能、故教牧欲造就聖徒、必宣耶穌基督、及十字架之道耳。

第六十六節

宣　神言足以服人〇教牧逞其意見宣講、人即乘間難之、此常事也、蓋援引傳聞、或藉取諺語、在己以爲有證可據、在人未必認眞信服、惟引證主言、雖有利口好辯之士、亦無從置喙、縱有一二弗悅者、而終不敢以　神言爲妄、況神之言、背道者聞之、雖不因之立悔、而足使之欲忘而不能、卽多歷年所、言猶在耳、直至悔罪而歸主。信徒聞之、如舟有之錨、賴以不移、如室之在磐、因以獲安、自亞伯拉罕迄今、多有作證之人也。

第六十七節　宣講之感力○講道固宜用悅耳之言、淺近之喻、以引人聽聞、且令人易曉其理、然此等語有似果之種皮、實非發生之核胚、故宜防以外爲內、以小害大之弊。當求不壞之種、種於人心、蓋養身之糧、不在盤之美麗、而在盤內之肥甘、聖殿之貴、不在外飾之寶石、而在內藏之約櫃與贖罪寶座、然則講道之能感人者、不在悅耳之言、而在理明熱切也。故善講者、不第語音娛耳、且授法熱切、形容端莊、俾凡見聞者之受感、若利刃刺心、其收效也安得不宏哉。

第六十八節　宣　神道之效○嘗見泰西大城中、宣道者徒取俗事以悅人、始則多人雲集、終則漸歸霧散、而於主之教會、鮮有實效、惟解　神救人之道、使人知屬靈爲要者、乃能使教會振興、自古迄今、莫不然也。試觀使徒消除希臘羅馬惡俗、路得之光復聖教、因,,所語者、不在智慧之婉言、惟在聖靈大能之明證。''在英有虔誠教牧曰、擅騁辯者、只能悅吾之耳、惟　神之道、能刺我心而感我懷。又美之博士曰、宣道訓人、其能勝諸惡及異端者、端賴之道耳、且賴此又能廣天國之疆域。若憑物性之理、智慧之言、及物理遺傳、與名人訓誨、則去顛蹶不遠矣。有老牧深於閱歷、其言曰、靈魂於道德之長養進益、惟賴眞理。由此諸證、知惟聖道之特力、能使教衆增長道心、而結屬靈之果焉。

第二支　宣播基督

第六十九節

緒言○上言教牧所當講者、聖經也、　神言也。然聖經之關鍵、在於基督、如耶穌所言、爲我作證者、即此經也、故講經時、不以基督爲目的、即不合經旨。如法之腓尼 Vinet 曰、,,宣道非自基督啟端、亦當以基督爲歸宿。''細玩此言、可知其非無據也。蓋新約一書、原爲聖教之遺型、而主復起後、多申明經中指已為救主之道。（路廿四章廿七）使徒宣道、亦皆注重基督之救恩、（彼前一章十、十一）如保羅嘗立志曰、“我定意於爾中、他無所知、惟知耶穌基督與其釘十架耳。”（哥前二章二）聖經之言如此、可知教牧講道、務令人仰望於主也。

第七十節 教牧之職在宣基督○ 神言既為耶穌作證、宣揚 神言、亦即宣揚基督也。苟舍之弗言、則有忝厥職、而不為主使、蓋使者之責、專在為主作證也、觀行傳一章八節末句之語、雖向使徒立言、亦為後世垂訓、古人盡職之模範、（徒五章廿四）實為吾人所矜式。保羅亦遵此而行、（哥後四章五）可知布道之要歸、即在宣揚基督矣。

第七十一節 人之得救在信基督○講道既為救人、天下人間、又未錫他名、可賴以得救、則基督之當宣、自不待言。儻不言基督救人之道、雖立言有益於世、如儒釋道諸教、究不及基督之福音、（路二章十、十一、廿四章四十六、四十七）以其可獨稱為救人之道也。所言當宣基督者、非謂常以贖罪之功為題、亦非謂每聖論中、輒稱其聖名、乃言聖論之大旨、以引人歸主、增長道心爲目的．誠以信徒之成就、咸賴基督而得完全、蓋　神充滿之聖德、皆顯於基督、美善之恩施、皆藉主而發、故人所得之福、悉本於主。準此立論、可使人因獲福而歸榮於主焉。論救人之道、雖散布於聖經中、其力皆本於一源卽耶穌．如人身之脈管、雖貫四肢、通百體、且運周身、而其發源皆由於一心。此非河漢之言也、蓋世人皆陷於罪罟之中、被　神擯於無望之地．幸賴主救贖之功、　神始寬容世人、普賜其靈、更錫以諸多福澤。統全體而論之、雖皆指基督立言、（約一章十四五）然宣講仍可變通、不致重複使人厭聞。無論何題、若擴而充之、皆達於主矣．如在危勒司有老牧謂學者云,,吾邦庇崁之路徑、未有不與倫敦通者、有如聖經之題、無一不與基督通也、故備講時、先審本題之通於基督者、其道何在、一尋得之、卽由此而進也。吾於聖經中未遇不通於基督之題、間或中道阻礙、究有可通之路．誠以講論中、如無基督、卽無救人之能力。'' 念及此意、教牧宜盡心力考覈基督在　神道總論等書、精微之理、在摩西五經之預表、在羅馬加拉太之稱人爲義、及成聖之道、在哥羅西以弗所腓立比之 神性、在四福音之爲道、爲光、爲贖罪祭、爲生命之訓、加以經中一切本於基督之要道、則所講之題雖盡以耶穌爲總歸、其闡發卽無窮矣。

第七十二節

聖徒所望在聞基督〇聖經以救恩爲本、故基督之道、自爲教衆所樂聞。茲取一處誠聖徒之言爲證、其言曰、，，吾赴主殿、非求已樂、乃聽主訓、與敬虔之道也、蓋吾之情欲時萌、罪惡纏身、不克自安、故欲求安心之善法、療心之良藥、惟斯世所望、已成灰燼、而中懷饑渴、有如火熱、深冀主以天糧活水、饜飫我心。尤望吾之牧師、講被釘於木、親擔吾罪、使我在罪中死、在義中活之救主、在天爲中保、爲人代禱之耶穌、安慰吾心、並訓我何以接受而保守聖靈。復指教我、主之懲治有何大用、其爲以馬內利、如何體恤信徒、其十字架如何感發罪人、人蒙恩所當修養之德、人信主所生順命之念、此皆吾所樂聞者也。更指示我、死亡之權如何爲主所敗、在主懷中有何安穩之樂、復生有何榮、永生有何福．惟如此宣講、能令我心悅懌、洵爲將亡人之佳音也。此道亦能正我過、釋我怨責我無厭之心、亦能扶持我在諸般試煉之中。”觀上所言、教牧何不申明耶穌贖罪之功、以成教衆之望耶、反是猶易膏粱爲糠粃、焉能止靈魂之飢渴乎。

第七十三節

能力之源在基督○宣道之目的、在使人悔改、悔改之能力、在於基督、故欲甦死於罪中者、成爲新人、非崇主贖罪之道、不足使人悔罪而蒙重生也。儻僅言去惡遷善、而不言及信心、贖罪、與重生之道、斯無異製鐘表者、將大小諸輪、措置適宜、而不置簧條、其何以行之哉。有教牧云、“所講之道、若無救主寓乎其間、猶無神之殿、不久必廢。”反是以思、教牧雖無超羣才望、若多宣講基督、人必誠信悅服、蓋有道之人所欲求者、非爲新聞異說、乃脫離罪惡、得永生之眞理也。

第三支　宣播聖道大端

第七十四節

緒言○教牧欲勸人遵道而行、必先指明大端所在、而後勸人之言始活潑靈通。如講稱義之道、先言陷罪者絕望之情形、繼言基督代人贖罪、由死復活、勝過死權、人一心賴之、即蒙稱義。又如講成聖之道、先言　神乃聖潔、凡人所行、當效之爲聖也。（彼前一章十五）再如講　神之國政、宜先敘　神爲獨一之大君、其諭旨之高大、法律之寬深、以及審判之定理、天堂之賞、地獄之刑、剴切陳之、蓋人若未明其理、信服則難、此教牧所以當將聖道大端首爲申明也。

第七十五節

聖道大端皆載於經○聖經爲　神啟示而成、其中大道、宜多注意、以　神之智慧、遠勝於人之識見也。苟非人所必需、則　神必不重、故經中之要端、雖有人所不樂聞者、亦有人所不能解者、然既明列於經、則爲人所必需無疑矣。觀此知聖道大端、無一可廢者。如保羅云、"凡爲　神以聖靈所示之經、有益於教誨、督責、歸正、及學之在義者、俾屬　神之人成全、具備諸善工"、是已。

第七十六節

大端明受感則易○按性理學、人於不明之理、其被感也恆難。雖有錯會原意而被感者、亦因思悟中、具有定見始然耳．人於聖道被感亦然、蓋人明知聖道之大端、則愈愛而賴之。耶利米云，，凡欲自誇者、單可因認識我、知曉我耶和華、在上施憐憫、行公義、行仁義自誇．''以上先知所云、皆道中大端也、而人有明理之心、能通其意、受感而獲益、乃爲人之榮．據理言之、人明曉其義務、則愈盡其責任、明知其罪惡、及結局之危險、則愈知加愼、故人愈明　神救人之理、即愈感其鴻恩、頌其美德也。可知求明經中各端大道、默化潛移、其被感何可限量、此教牧宜講聖經大端、第一要故也。參見上節

第七十七節

大端明而守道益堅○構屋欲堅、必先固其基址、此盡人而知者．欲道心鞏固、亦須於道之要端、持守堅定、庶免被異教搖撼、而陷於魔網．如此不第堅固一己、又可堅固他人、使能言，，所信大道之緣由、''而辨斥與道爲敵者焉。教牧即道之一端、而旁引他端爲證、適如明燈普照、使教民信心愈堅、此必然之理也。儻恐教衆不悅、因而不言、誠爲過慮。嘗聞教牧宣講、詞意蒙混、大端不明、來

堂者因而不至、漸受異端迷惑者有之．未聞有講明聖道要端、反致人憎惡者也。

第七十八節

大端明而察經有緒○教牧既將聖道大端、一一申明、教衆即以經言歸類、則察經有緒、不至無所措手。如明天國大端、則於救主論天國之語、可觸類旁通、於彌賽亞作王立國之意、亦不至謬解。如有人謬解哥林多前書十五章二十四至二十八節之大意是也 如明律例之大端、則於　神之法律、深知其旨、不至私揣天父、以律轄世人、蓋人之誤會經言者、皆因不明大端所致也．故教師將大端言明、可引導信徒詳察經訓、條分而類列之、庶幾揣摩有得耳。

第四支　教牧宜繕備題目表

第七十九節

緒言○教牧為聖日備講、按題目表、循序宣講、可使教衆得確切之訓誨．此外或值公祈、或開夜學、均有訓迪之機。繕備題目表之益、其要者有二。

第八十節

可免疏失○凡事　神、交人、守己、諸端要道、聖經備載一切、則當講之題、其界寬甚、設無題目表、於道之大端、恐有所疏漏。教牧宣講、一有不周、則聖經雖富儲要道、猶黃金藏之礦內、未掘而出之、已可深惜、況其所演者、未必爲人所急需乎。惟備有題目表、不惟免此疏漏之失、亦可使人得圓通之訓矣。

第八十一節

可防重複○教衆聘一教牧、數年而起更易之念、無他、以其所受之訓、經年累月、有重複之弊、以致生厭、而欲延請他人、此弊之由來、多因教牧不察聖經、而備題目表所致也。若勤察聖經、而備此表、講論之際、雖不期更新立異、而自新自異矣、非惟聽者多得其益、卽當局亦中懷豁達、彌增榮主之力焉。

第八十二節

題目表之大綱○題目表之設、既爲久講之計、自宜愼爲之備、以待應用、茲取某君所備者、共分六段列左、以爲式。教牧一星期中、有二三次宣講、皆可視教會景況、由表命題、庶幾人多受益、因聖道大端、皆得聞矣。若因他故間隔、不能照表宣講、亦自無妨、蓋人所求者、非速聽一切大道、乃求實受其益也。試以其表具錄於左。

第八十三節

舊約歷史之要事○舊約歷史之要義、其目錄計分六十二層。一創造宇宙。二始祖犯罪。三該隱殘殺亞伯。四以諾升天。五古世之凶惡。六洪水滅世。七神與挪亞立約。八巴別臺之建築。九亞伯拉罕被召。十麥基洗德。十一立亞伯拉罕爲信者之父。十二所多馬俄摩拉之燬滅。十三以撒爲祭。十四以撒之歷史。十五雅各於伯特利見異像。十六雅各角力。十七約瑟被賣。十八約瑟爲相。十九遷居埃及。二十約伯之試煉。二十一希伯來人遭虐。二十二埃及之十災。二十三踰越節。二十四以色列人過紅海。二十五於西乃山授律。二十六曠野之飄流。二十七銅蛇。二十八摩西逝世。二十九以色列人取迦南。三十日月停運。三十一底波拉與巴拉克。三十二參孫之腐敗。三十三路得之孝行。三十四路得之賞賜。三十五撒母耳爲士師。三十六掃羅爲王。三十七掃羅自刎。三十八大衛蒙召。三十九大衛爲詩翁。四十大衛爲王。四十一大衛犯罪受罰。四十二所羅門建殿。四十三所羅門著書。四十四所羅門之榮。四十五十支派背叛。四十六以利亞在迦密山。四十七以利亞升天。四十八耶戶爲　神之復仇者。四十九約拿奉遣。五十希西家更正教會。五十一 十支派被擄。五十二 亞述全軍覆沒。五十三 希西家病愈之奇事。五十四 耶路撒冷被焚、猶太人被遷至巴比倫。五十五 但以利解夢。五十六 三人於烈火中遊行。五十七 尼布加尼撒王受警戒。五十八 伯沙撒王之亡。五十九 但以利被投獅洞。六十 重修聖殿。六十一 以士帖為王后。六十二 猶太人守普林節。

第八十四節

基督在世要事○耶穌言行、舉其尤要者、計分三十七層如左。一 施洗約翰 二 家譜之深意。三 基督降生。四 博士來朝。五 耶穌十二歲在聖殿。六 三十年家居之功。七 受洗之意。八 在曠野受試。九 選召使徒。十 登山訓衆。十一 為傳道之標準。十二 有治萬物之權。如指斥風浪事 十三 逐鬼。十四 赦人之罪。十五 廣施愛心。如視孺孩提 十六 憐憫人之心。如分餅飽衆 十七 為大醫士。十八 使死人復活。十九 講道。路四章十九至廿二 二十 主以定言訓人。約十章全 二十一 主以比喻訓衆。二十二 耶穌為先知。如主預言耶路撒冷被滅 二十三 差遣使徒。太十章全 二十四 登山變像。二十五 如王者進耶路撒冷。二十六 設立聖餐。二十七 安慰十一使徒。二十八 為門徒祈禱。約十七章全 二十九 在客西馬尼之苦。三十 救主屢被誣陷。三十一 被彼拉多定罪。三十二 釘十字架。三十三 埋葬 三十四 復生。三十五 四十日內之顯現。三十六 末次叮囑布道。三十七 基督升天。

第八十五節

使徒之要事○此單極爲緊要、以使徒之世、聖教初開、適如中華今日之教會、尙在幼穉時代也、故使徒所行之事、多爲吾人之式、茲僅擇二十七層、列之於下。一 選使徒補猶大之職。二 聖靈降臨。三 宣道之效果。四 欺神被罰。五 七人之被立。六 司提反遇難。七 保羅受感。八 彼得巡行教會。九 多加之善行。十 哥尼流入教、異邦人之五旬節。十一 雅各遇害。十二 彼得出獄。十三 保羅出外布道。十四 居比路之方伯相信。十五 異邦信徒脫律例之軛。（即耶路撒冷大會所議者見行傳十五章）十六 保羅入歐洲境、於腓立比被囚。十七 在雅典布道。十八 在哥林多之工。十九 在以弗所爲教牧。二十 保羅赴耶路撒冷之熱切。二十一 在耶路撒冷被執。二十二 在腓力斯前作證。二十三 向亞基帕王申訴。二十四 自該撒利亞至羅馬。二十五 於羅馬首次在獄之工。二十六 保羅之暮年。二十七 約翰之晚年、與教會之情形。（先熟使徒行傳與使徒史記後講此單）

第八十六節

舊約禮節之預表○律法之儀文內有基督之預表、可藉以多明耶穌爲救主之功.茲擇其最要者、分二十四層論之。一會幕與聖殿。二燔祭壇。三潔淨禮。四香壇。五陳設之餅。六金燈臺。七約櫃。八贖罪所。九基路冰。十火柱雲柱。十一祭司之禮儀。十二以弗得。十三胸牌。十四燔祭。十五罪祭。十六贖罪祭。十七酬恩祭。十八初熟之果。十九十輪其一之理。二十踰越節。二十一五旬節。二十二構廬節。二十三贖罪大日。二十四安息年與大禧年。

第八十七節

神道總論之要道○神道總論、已有專書可見.其要道計分五十五層、一神字之實義。二啟示之道。三聖經爲信徒獨一準則。四聖經有數等作法何益。五神乃靈。六神乃無始無終。七神永無變更。八神無所不在。九神無所不知。十神之智慧。十一神無所不能。十二神之聖潔。十三神之公義。十四神之良善。十五神之眞實。十六三位一體之道。十七基督乃　神之道。十八聖靈之功。十九神之元旨。二十神何以創造宇宙。二十一天使。二十二神保存萬物。二十三人原有之地位。二十四神與亞當立約。二十五何謂罪。二十六 何謂原罪。二十七 神爲人立恩約。二十八 基督一位兼 神人二性。二十九 基督爲 神人之中間人。三十 耶穌如何贖罪。三十一 基督得其尊貴。三十二 基督爲中保。三十三 彌賽亞之國。三十四 聖靈之恩召。三十五 重生。三十六 信心如何救人。三十七 信者與基督之聯屬。三十八 悔改。三十九 稱義之眞解。四十 爲 神之義子。四十一 成聖之意。四十二 恆心守道。四十三 死之緣起。四十四 死者之靈魂在復起前之情形。四十五 基督二次降臨。四十六 衆人復起。四十七 審判大日。四十八 天堂之福。四十九 地獄之苦。五十 聖禮。五十一 誰可受洗。五十二 受洗之儀文。五十三 聖餐。五十四 教會爲 神所立。五十五 教牧之職爲主所派。○若爲教牧者、一則於神道總論、詳加考證、一則於以上各端盡心備講、教民聆之、於聖道必有進益也。

第八十八節

信徒行道之本分○論敬 神、交人、及習虔誠之天職、原有多端、茲列二十八層、於宣講時、可擇其一、又按宣道良規、擇其緊要之意、推廣言之可也。一 第一誠爲人生極大本分。二 如何顯愛 神之心。三 認罪而事主。四 感恩。五 聽道。六公祈。七讀經。八密禱。九冷心之原因。十家庭禮拜。十一為 神作證。十二第三誡命。十三第四誡命。十四第五誡命。十五父母於子女之分。十六動怒之罪。十七宜相愛。十八心中清潔為要。十九謹持心念。二十忠誠之箴。二十一實言之要。二十二仁愛之心。二十三讒毀之罪。二十四知足。二十五謙卑。二十六體恤懦弱。二十七周濟貧乏。二十八為善樂輸。（右為某教牧所列之表、教牧視教會之景況變通用之可也。）

第五支　講道之態度

第八十九節　緒言〇宜講之態度、亦為教牧要端、如言愛人之道、而有猛厲之色、即與所言不符、況人聽道、每因講者顏色溫和、聲音慈善、愈服其講論之意乎。（餘事類推）故教牧宣講之態度、宜溫和端莊、與職務相稱、以防聲音顏色有距人之譏也。

第九十節　心意摯切〇講道既望人得救、則心意摯切、乃教牧所不可少者、蓋是心者、本於聖靈所賜、憐愛之忱也。昔保羅宣道以弗所三年之久、流淚勸人、又達哥林多人書曰、“我為基督使、猶 神託我勸爾、我代基督求爾與 神復和、”亞波羅之爲人、亦，，銳以耶穌之事、詳言誨人◯在昔主之使者、宣道如是熱切、爲吾人所當效者、其故有三。一 心切能感人．以講道之責、極爲重大、關於人之永生永死．聽之者、受感與否、雖在聖論之優劣、而摯切尤爲要事。故宣道無懇切音容、則難辭其咎、况基督是否徒然流血、亦於此有關乎。二 心切始有精力．蓋世人之心、多如以西結所言之死骸、非有精力感之、不易爲功、如講者玩忽從事、聞者必以信與不信、無關緊要、有教牧言曰、，，布道得人、在心之痛切與熱切耳、若祗講冰冷之理、決不能動聽．不熱之祈禱、亦不蒙悅納．泄泄之行爲、更不能成事焉．故宣講之要、不都在言語之悅耳、而亦在內心之摯切也、惟此熱切之心、非實有之、不能色莊爲也。三 心切免遺後悔．人生斯世、歲月無多、及時盡職、則免遺後悔。色司勒 Cecil 臨終言曰、，，吾恨不再假我數年．'' 其友問故、曰、，，欲宣基督耳．'' 友曰、，，此非吾兄平生之事耶、'' 曰、，，吾欲熱切而復宣之。'' 可見宣聖道者、貴乎心切矣、故吾人宜學保羅之模範．徒十八章五 且平生惟誇我主耶穌之十架。加六章十四 昔日之使徒、近世之名牧、熱切懇摯、則就之者衆、雖吾儕不能企及、苟居心以切、亦不至徒勞而無功也。

衷懷慈藹○論感人之能力耶穌聖道、所以遠勝諸教者、無他、卽在宣道者、心存愛憐、廣施仁慈而已。然此意實本乎大牧之聖訓、故感人心之能、無逾於此。如主見人受痛苦、禍患、遂告之曰、“凡勞苦負重者就我、我將賜爾安、我心溫柔謙遜、負我軛而學我式、則爾心獲安。”試思人各有其苦、使之因信主而得永福、此正吾人所當效者。保羅亦有遺範、其言曰、“我乃柔良於爾中、如乳母撫眗己子、吾儕因愛慕爾、不第　神之福音、卽己之生命、亦樂與爾共之、因爾爲我所深愛也。”是教牧欲具感人之力者、宜懷慈心。如某君云、人有恆言、使人行善甚難、不知其難在己、蓋己若不以“基督之溫柔和平勸人、亦不以溫柔勸戒抵敵者、”則人之不行善、勢也。凡以愛而講眞理、人猶不得益者、鮮矣。培孫 Payson 曰、“吾非心內如傷、知己屬蒙恩之人、因而存體恤之念、卽不

第九十一節

堪規勸罪人。言念及此、知　神所以託人宣福音、而不託天使者、職是故耳.蓋吾人同一性情、自能互相體恤。既在罪中蒙恩、則由所歷諸艱、可以警人.且從己所蒙之恩、可引至與人同性、能體恤人之大祭司長矣。若宣講時、動卽責人、或專宣　神律之嚴、人必視　神如嚴父、而剛復生厭。惟以仁慈爲懷、多言　神之慈愛、則人反躬自省、知　神爲我罪擔憂、而悔改歸主矣.故宣講時、一則宜申明　神之公義、一則宜申明　神之憐憫、曰審判之主、已代世人任罪、甘受重刑也。如此宣講、庶人返而自責、悔而相信矣。

第九十二節

宜悉衆情○教牧備講、宜詳審本會之景況、及信徒之情形、而體其患難、恤其艱苦、善言撫慰、致人悅服.勿令人曰、彼不恤吾難、始有此言、易地以居、必不若是。故教牧備意、當先審明教衆之試煉、誘惑、希望、恐懼、及度日、守道、修德之難、然後設身處地、反復致思、吾處其境、益我者何道、感我者何言.如此以己量人、斥責之言卽少、而訓慰之言則多矣。無論何題、皆必有應用之訓、雖明指其過、然皆知牧師之言、本愛而發、又通達世事、體恤人情、無不樂聞而願受其教也。

第九十三節

急圖近功○宣布聖道、固爲將來謀、然亦應求近效、故當諄諄相告、使人知，，今乃見納之時、拯救之日也。‘‘宣道不求當時之果、使人立志信主、而將來之結實、恐亦未敢必也、蓋宣道不僅爲申明道義、亦爲藉所申者、令人得救也．如彼得在五旬節、明證耶穌爲基督、藉以引多人因信而得救是也．又如保羅宣講、亦望人由其所講、立志信主。英之歐文 Owen 曰，，牧師當立志引人從主、若不能使人從主、無論有何學問、有何才幹、卽爲曠職。‘‘是以作教牧者、宜效保羅之劬勞、使基督成形於衆人之心（加四章十九）且勿忘宣道之期望、在引人當卽歸主、果能如此、始爲眞有智慧、亦獲大福焉。（但十二章三）本節所論、爲中國近今之極要、以此時未聞福音者、已屬無多、所缺者離俗從主之志願。況今日教中子弟、不爲不多．若輩少年、已明眞理、然仍有不奉教者、故教牧宜注意勸之、引其歸主、免致後世之教會失喪眞理、而前功盡廢也。

第六支　公禱

第九十四節　緒言〇宣講聖道、固宜先備後講、卽領衆祈禱、亦不可隨口而言、宜先靜思、如何致禱也。一 公禱旣爲衆人、不知其人之缺、安能爲之代禱。二 公禱、衆宜隨聲同禱、有不若是者、其過不都在衆人、以領者亦多無美意耳。三 公禱之設、望求聖靈來格、故求恩時、先宜思教衆缺點、及其需用聖靈之故、然後代求。四 教牧公禱雖非爲作人儀範、然旣在衆前祈求、自必爲所矜式、故若何祈禱、宜致思焉。五 教牧有備而禱、衆人聞之、則有大益、如培孫逝世後、人引客參觀聖堂、指講臺曰、,,此吾牧祈禱所也。‘‘ 可見培孫雖宣講有名、而教衆受感者、尤多在其祈禱耳。

第九十五節　事件普及〇私禱家禱、所言之事件、可隨己意、惟在講堂公禱、不宜如此。一 當代衆頌讚　神之尊榮、謝其鴻慈、認諸罪愆、並代爲求赦求福、此數者、旣係禱告之公意、故當列於公禱之內。二 當思目前衆人道德境遇若何、或爲家道艱難、或爲親戚傷悼、苟領祈禱者、能體其情形、爲之切禱、其益則愈大矣。三 當爲主國祈禱、又爲本支會、鄰支會、並天下衆信徒祈求、亦爲迷於邪敎、惑於異端者求恩、更爲奉遣布道者切禱、凡類此者、皆係天國要端、衆各有分也。

第九十六節

音容莊重○有敎牧領祈禱時、語類宜講、非所宜也、當知在　神前祈禱、必儀容莊敬、以色莊之子、　神人皆厭、更不宜故作矯態、令人驚奇、蓋以祈禱之舉、爲向鑒察人心之　神而言也。敎牧祈禱、宜使敎衆習恪敬之心、於事　神之端、則大得助、惟欲敎衆恪敬、宜以身作則、恭敬將事。未入講堂之先、取聖經所載之祈禱、詳玩其意、亦可大得益助。約十七章全・但九章四至十九・拿二章全・母前二章一至十・王上八章廿三至六十一・代下廿章五至廿・拉九章五至十五・尼一章四至十一・哀三章廿二至三十六・哈三章全・詩六篇、廿二篇、廿五篇、廿八篇、三十八篇、四十二篇、四十三篇、四十六篇、五十一篇、六十三篇、七十九篇、八十四篇、八十六篇、九十篇、百零三篇、百十六篇、百廿一篇、百三十九篇、百四十一篇、誠以祈禱之內、愈多用經言、愈能發明情意、以其爲聖靈之語也。雖人有不達之情、然聖靈必

第九十七節

能顯之、而聽者即適心懷。此外、所求與事適當、則祈禱感人之力、溥且博矣。

事切實際〇公禱所括雖廣、宜切實事而求、譬爲信從邪教異端及主之僕人呼籲是也。如前爲從佛教回教者祈求、次即爲從希利尼羅馬等教者祈求、此爲在斐洲、勞而險之主僕求恩、彼則爲在南美洲、日本、波斯等國者求福。外此、再於見聞之罪惡及害人之時事、一一爲之切求。若混求一切、而不指明、安望上主之允許耶。譬之有求於人、言語含糊、其誰能聽。求人且然、況求 神乎。故祈禱之言、宜淺而明、似主禱文之式、絕無高大委婉之言、盡爲明通易曉之語也。再於祈禱宜防含有或讚、或責人之言、蓋以此等言語、用於祈禱或於聖論、則易致教衆彼此嫉妒。祈禱之際、更不宜宣報新聞、此雖動人視聽、然失禱告之原意。有何新事、或有人病危、欲爲之求、宜先報告、請人代禱可也。更不可徑情直言、涉及人之私事、有時欲代爲祈求、宜在其家私禱、如在公禱直陳、則使衆人駭異、而失恭敬之心矣。

第九十八節

詞意簡括〇公禱固爲領衆祈禱、然歷時過久、則敬心多弛、領者雖有力、他人已倦、因而心馳於外者有之、衷懷煩燥者有之、甚至厭憎者又有之、縱禱辭充盈美意、恐人亦不樂聞矣。宜效主之禱式、意極完備、語則寡少．著名之教牧司培眞 Spurgeon 者、其祈禱也、意思寬廣、詞句簡賅、衆人受益良多。論祈禱應用之時分、尋常不宜過八分、歷時約在五分、已不爲少矣、蓋以簡括之禱少有重複之弊也。祈禱之要、固宜簡括、然爲敬　神首務、亦不可潦草從事、失於褻瀆、故有教牧某君、以禱告之時間、分作三次．一在讀經之前、一在讀經之後、一在宣講之畢．如是則每次歷時無幾、在人不至倦乏、在領禱者、亦足將當求之事、皆列於　神前矣。

第九十九節

愼除語病〇有人於講堂祈禱、語病在出聲太低、使人不得聞．開端如此、則衆心易馳、雖後言能聞、亦難收回其心矣。又有聲音太高者、弊亦非輕、一則本人敬心難持、一則聞者易生厭心．如先酌講堂大小、所發之聲、約使衆人聽聞、斯爲美矣。其尤宜防者、在發言太速、急切直達、剌剌不休、似於所求者、不覺輕重焉。更宜防套語之弊、有人祈求、漸成一套文、聽至某句、即知所至云何。又宜防俚語村言、以己雖未覺其非、而聞者轉爲笑談、遂失恭敬之心云。誦主禱文、防用爾字、而代用父字、似與神無切近之交、且亦與聖經不合、以經中主之僕人祈禱恆用爾字、在主禱文中無論何等繙譯亦然、即主教門徒祈禱亦曾用之、不可稱爾之言、果是、於神前祈禱亦不可自稱曰我、或吾儕、宜用卑賤之稱、其防自大焉

第七支　靜心登講臺

第一百節

緒言○教牧領教衆事、神關繫重要、舉凡祈禱、歌詩、宣講、俱宜操持敬心、不可偶涉輕忽。然欲保此虔誠、須身心安靜、苟內念紛亂、中懷急燥、或諸事累心、外務奪志、何能盡職而訓人也。惟於聖日、更宜防擾心之事、而專思主恩、切求聖靈、充溢於心。果爾、則如以賽亞之蒙召、賽六章全用己心之熱、以熱他人。試舉靜心之道、數端如下。

第一百零一節

謹防慌懼○有人自覺備講不佳、或記誦未熟、登臺恐有遺失、或不足益衆、因

而中懷不安、呈露惶懼之色。欲祛此弊、宜於講論大綱、條理分明、一一融化於心、臨場去求己之念、惟存榮　神之心、庶得主賜平安、不至於慌懼耳。

第一百零二節　備讀聖經○每於宣講之前、宜將應讀之經、誦讀數次、直至明通其意、免致有誤句讀、詞不達意焉。於讀經時、欲破解其意、當先爲備妥、若隨口講解、非徒無益、而又失經中自然之氣、間斷其序也。又於引證之書、預爲尋妥、以號標之、以免搜閱不得、隔宣講之氣、而失人趨向之心。再於報告詩章、語宜清晰、報告二次、並讀首則、讀畢再爲報告、使全堂之人皆可聽明。惜常有報告不清者、有妨於人誦讚之心也。

第一百零三節　謹避新聞○教衆來堂禮拜、靜心始可得益、教牧登臺訓人、更宜如此、故於主日清晨、不但禁訪求新聞、且禁止不聽、更防聞知本會瑣事。嘗有教某不諳此理、乘主日清早餘暇、以會內不吉之事、告知教牧、致其中懷憂傷、難以靜心、甚屬非是。夫彼不知不告、教牧可自行謹避、知素有此弊之人、婉避弗聽、待禮拜

後、聽之可也。若禮拜後能再爲防之則尤美矣

第五章　教牧獨行之工

第一百零四節 緒言〇教牧之工、概分二類、首類以宣道爲要、外此又有多事、雖非顯而可見、然皆類於獨行之工、不可轉託於人．宜親效大牧、週遊行善、爲全羣謹慎、爲人，，靈魂警醒、如在主前、必將自陳者。‘‘教牧於此、若不注意、縱有高才、亦不能牧養教會．惟於職守中事、盡心勤勞者、雖不必具出衆之才、於聖教則有大益焉、試分論之如左。

第一支　望視教衆

第一百零五節 總論〇教牧欲以天糧、於缺乏之時、分播教衆、宜與交接往來、預爲審察、知各家有何艱難、試煉、等情．不然、縱有美備聖經、亦難爲講論、使人得益也．蓋與人素無交誼、素不相愛、自難以道勸之、使之受感、可見牧師得人之愛、最爲緊要也。惟欲人愛己、非時常望視之不爲功．此望視之舉、雖不能立見其效、然能養

人心田、如田地已耕、日後可播種也。於教民之外、凡鄰里鄉黨、若屬可行、亦當有交誼、藉以勸之、引之信主。此望視之工、於聖經中、亦有明訓、如保羅語以弗所人曰、,,我於衆前、又於諸家、告爾教爾。''在昔使徒、亦,,每日在殿在家、訓誨不息、宣耶穌爲基督。''可見望視教衆、不獨爲布道之善法、亦爲勸人之美機。如有某事、於講堂言之、或卽無益、至家庭言之、或則有益、蓋於靈魂之道、人多不知其險、於講堂聽之、則臆對大衆立訓、然親至其家、切切勸之、則知悟矣。至各家中、尤宜爲之祈禱、誠以此等祈禱、本於愛心、而人之受感、中懷火熱、知教牧行此、實爲吾之靈魂憂慮耳。試將望視之工、分而言之。

第一百零六節

望視有序○教牧行此望視之工、宜有其序、不然、恐多至此家、少至彼家、易招怨尤。且不免有所疏漏、而有未至之家、惟其有序、則無是弊矣。要在備一清單、詳列各家居址、及其姓名人數、於望視之期、依單而行、更可預爲斟酌、行至某家、宜如何立言、使人可多受其益也。

第一百零七節

量時而至○値事忙之際、教牧須諒情不至、免教衆爲難．且尤乘家主在家、及時而往、否則以不往爲美。爲防徒勞往還而誤時日、宜先與約卽可相待、不致有誤時期。既至、不可閒談、庶能一日可多至數家、而一年之內、趁教民閒暇、二三次週行本會矣。或曰此舉誠美、未免誤進修之功、不知教牧之職、乃計益人、何事果多有益、卽宜遵行．縱誤己進修之工、亦當爲之、以求教衆之益。

第一百零八節

望視之工○教牧所作、既爲屬靈之工、故將至某家之際、當先求主助．又思此家、景況如何、在聖道有何欠缺、則可免多發不切實之浮言矣。行至某家、禮節宜簡、寒暄之後、繼之談道、或先祈禱而後談道、以祈禱之後、與人談道較易也。談道卽目前所見、取以爲喻、可增人道心、如當年主與撒馬利亞婦人、藉水論道是也。如見婦女紡績、線料雖長、總有其末、可藉喻人生在世、定有終境．視男子耕種收穫、遂藉言靈魂之道、與此一理、所種者何、所收者亦何也。惟所取之喻、宜重要簡當、使人悟及生命之道、以在己光陰珍重、且至各人家中、正爲此也。教牧不易與婦女言道、然亦非絕無言、比如訓之以詩調、卽可藉詩辭、以言主道、言語柔和、彼自樂聽受、如此播種、蒙聖靈澆灌、則可結果矣。

第一百零九節 親近孩童○大牧在世、嘗注意孩童而寶愛之。吾儕亦當效法、關心於孩童也、蓋今日之孩童、卽後日之教民。儻如惰農自安、不耕不耘、安望至秋收穫耶。人生穉幼之年、正仇敵易播種之期、教牧宜乘機播以永生之種。若於本會之小肢體、漫不置意、久之若輩卽生懼心、以聽講爲難、更因不愛牧師、亦卽不愛聖道。夫孩童之心易感易得而爲牧師者、斷不可忽之、每望視信徒時、見其家有孩童、或贈以小書、教以聖經故事、或送以小畫、教之唱詩等事、引其前進。或更因愛孩童、得其父母之心、而引之愈以愛主、故與孩童親熟、識其名字、亦教牧要事也。

第一百十節 謹防小節○有人所素知、而易忽之事、特表而出之。一 教衆無論貧富、當一視同仁、設不得已、宜於貧者、偏眷顧之、體恤之、衆必欽佩也。若偏於富人、則所行與所言不符、人必憎而遠之、以致難盡厥職。二 教衆偶有不和、宜謹愼處之、不可厚此薄彼、而招怨尤、亦不可疎忽來往、不避嫌疑、一有不和、宜求和息、因會中不睦、不能堅立也。三 至其家中、防輕食於人、恐有誣己太儉、而徒餔啜者、若有誠心邀請、此係人情、自無他論、然在公務之時、跡近攪擾、故當避之。四 至其家中、切勿歷時過久、以免廢己時光、且誤人事也、如歷時過久、雖人始喜其來、日後頻來、而心滋不悅矣。五 不可擇佳日而往、否則不出、蓋不佳之日、正教牧之佳日、以人多在家賦閒、而無他事累心也。

第一百十一節

第二支　參觀學務

教牧對於學務之分〇在他國之學務、多歸政府督理、且一校中、宗教不同、教牧前去、或有不便。今中國教會、自立學校、教牧前往觀之、非惟無損、實多有益、惟至校時、非爲整理學務、乃觀諸生如何進修、思以激其心、求道學及他學也。若先備一美善故事、爲之演說、久則諸生、將引領望之矣。似此參觀、亦於教習有益、一則擴其心懷、推得教授之法。一則令之警醒、知其責任重大也。至參觀女學與此一致、不過偕其長老或學董前往耳。

第三支　望視病人

第一百十二節　望視病人之難〇教牧望視病重之信徒、係極重責、以人之將死、得救之機無幾也、故當激發其心、使之生望、又助之歸正、使所望不至徒然。惟遇自棄之流、不覺有罪、頑固不化、即有所難。若不顧之、則己心不安、若顧之又恐無益、故於未往之前、宜早爲備、又切求　神助、庶乎可也。

第一百十三節　聞病速臨〇有時教某患病、教牧不知、未之往觀、因而其親屬、中心怏怏、及病者愈後、仍介介於懷、初未念及牧師之不至、或由於不知耳。中國之教衆既多散居、一牧又兼理數支會、勢更難以周知、故教牧任職之初、宜先報告、有重病者、父兄當親行知會、恐託人寄語、每一誤而致再誤也。論教牧對於顧病之要、以病人受感較易、而求救之心較切、故教牧不可忽此要責、惟欲盡此責、宜在在注意。聞人病急、無論被請與否、有交誼否、當毅然前往、以救人之工、不可尙虛文也。即非教民、若有平生之素、一旦聞其病重、亦宜前往而善勸之、非爲與之辯論、實望其得救也。若爲可行、宜與之同禱求　神救之。教牧如此而行、有時可得意外之賜焉。

第一百十四節

病軀受益○教牧問病、計益病人之靈性、然亦有益於病軀、蓋慰其心懷、使之安泰、病勢因而減輕、其恆事也。然有人患病、或以牧師至、誤爲不祥、失望喪膽、致病加重、教牧因而託故相辭、殊屬非是。即於病軀不利、亦當往問、以人之靈較體尤貴也。若患病者、不爲信徒、教牧指以正路、爲之祈恩、其家人親見聞教牧之言行、或良心被感、悔罪歸主、是教牧一舉而兩得矣。

第一百十五節

顧病之時間○聽講歷時太久、即形厭倦、此恆情也。病人身弱、更易如此、故與病者談道、時不宜久、恐其躁急、致病加重、且語多難以記憶、語少尤易關心也。若歷時一刻、已爲不少、如言未盡意、可容後敍、甯短促其時、而多往數次、勝於少往、而延長其時也。惟宜相機而行、不可執一、病人果不忍相舍、卽再爲暫留、亦無不可。

第一百十六節

藉病言道○同病人相語祈禱、最宜謹慎、因在病者多察言觀色、私揣病勢如何、儻其病果能痊愈、可與直言、以寬其心、復與之言曰、諸事在 神、人不能確知、爾雖有今生之望、亦宜念將來、如此言之、可免憂懼、尤可使之慕道。或婉言以道、爾素不思得救之道、目下之懲治、正慈愛之深恩、不可再三負之、恐時機一過、悔之無及。如知其人不能復起、宜明告其家人、轉告病者、免其徒在斯世、有誤光陰、或徒存虛望、致招永損焉。

第一百十七節

宜獨見病者○望視病者、莫善於獨見之、蓋病者見他人在側、於其隱罪、或懷羞不吐、或懼累不言、若祇牧師在室、可以實情相告、以求安慰矣。卽平生無大咎者、見他人同在、亦緘口不言、此係常情。惟教牧不知其過所在、則難勸之、譬如醫士、不明病源、何以下藥。又病者之親友、未必皆有知識、或逗遛不去、或絮聒言他、使無暇進言。爲教牧者、先通知病家、獨見病人、則無此弊、盡言其意、亦較爲易也。若爲婦女、可偕其姑、或偕其父母、前往問之云。

第一百十八節

爲之讀經〇問病人時、爲之選讀聖經、以病人願多聞經訓、少聽人語、因經中所載、爲　神之言也。有時病者、不欲與人語、則難進言、惟可選讀聖經、訓之誨之、況自我言之、或尚有疑、若　神之言則不疑矣。如其爲信異端之流、心溺謬講、不可與之相辯、恐愈加其頑固、至終不悟也。寧擇適宜之經、爲之念誦、求聖靈救之出迷也。至驕傲成性、毫不知罪、違逆眞理者、前往問之、愈難與言、惟可同之讀法利賽人與稅吏等類之喻、求　神祛其驕傲、使之悔罪求赦耳。

第一百十九節

爲之宣講〇教牧有時爲病人宣講、約定相宜之期、同其家人、請其鄰友、皆同聚集、以病者平日同衆禮拜、今又得同衆敬　神、則甚欣慰、而多蒙恩。設病較重、不能如此、宜擇一佳題、同其家人、撮要言之。若病已不支、無力聽講、即選題中要意、略言幾句可也。

第一百二十節

同之祈禱○同病人祈禱、實望視病者第一要務、蓋勸慰之言、或不關懷、祈禱之言、鮮有不注意者、故須爲之求福求醫代求聖靈來格而感之也。若病勢沈重、不能言語、僅能聽聞者、特爲之祈禱、可藉以被感、或因此而得救、更可藉之自行認罪、而蒙恩惠、誠如是也、代爲祈禱之功成矣。

第一百二十一節

特開聖餐○信徒病久、不第當在其家宣講、亦宜在其家開聖餐、惟教衆多至爲美、以聖餐之設、係表教衆在主成爲一體、故人愈多愈佳。若與長老同去、更可使病者、覺與衆仍有聯絡之情焉。於食聖餐時、可乘機警醒目前衆人、使各自思、或有適應主言、待復食時、在主國與主同食者。衆人聞之、又見目前景事、或有被感而慕道者也。

第一百二十二節

望視未信主者○若抱病之人、未曾從主、又務勸其定志、賴恩得救而後已。病重者、此爲第一急務、蓋斯時若不賴主、恐永不能矣、故教牧前往視之、當切爲之禱、並切勸之將已交於主。又邀請他人爲之切禱、倘此謀無濟、即參用他法、且宜時往顧問、不辭煩勞、縱有誤他事、亦所弗恤、蓋以勸他人從主、爲日猶長、而勸此人從主、爲時則無幾也。

第四支　顧悲哀與年高者

第一百二十三節

緒言○聖經載大牧在世、心傷者慰之、悲哀者恤之、其遺吾人標準者、何美且善也。教會之中、憂苦悲傷之家、在在常有、如聖經有言、善人多遭患難、又曰、主必懲其所愛者。羊羣中既時有疼痛憂苦、或身遭喪事、或家業中落、或子孫不肖、或衣食不充、或受人欺淩者、教牧宜用善言撫慰、使因受茲世之艱難、愈思安樂之家鄉。若力能相助、則助之、否則恤之。至盡此義務時、當視人如契友、聞其受苦、不待邀請、自宜前往、可分三條申之。

第一百二十四節

訓誨悲苦○人心哀傷、受教較易、情則然也、蓋遭逢不幸、初或懷怨於　神、如指明其故、釋其怨恨、則易受訓誨、以主如耕者、先以艱辛耕人心田、吾人當繼之播以善種也。保羅曰、"人必經歷諸艱、始能進　神之國、"爲此作證者、至今不乏其人。於人受苦時、教牧實顯　神之憐憫、使知　神所以懲責之者、係欲救其靈魂不死也、（箴廿三章十四）故　神之懲治、於人爲有益。（來十二章十一）惟教牧宜知如何而行、方成　神旨焉。（來十二章十二、十三）再於勸慰之時、莫善於引用經言。（申八章五・伯五章十七至廿・箴三章十一、十二・十三章廿四・十六章十八・詩百十九篇七十五・母後七章十四・雅一章十二・啓三章十九）

第一百二十五節

體恤悲傷○問慰之時、以體恤爲懷、其益良多、蓋悲傷之人、漸卽懦弱、望而慰之宜振其精神、作主勇兵、勿爲憂悼所勝。更不可加咎責之言、以罰降自主、吾人惟當慰之、若設身處地、欲人如何待已、卽知宜如何待人、庶近保羅所言、與哀苦者同苦之意、而爲眞能憐憫人者。憐憫之心、非第行於一時已也、去後亦當懷念弗置、如某家遭喪亡之禍、在他人事過輒忘、惟其父母依然記憶、牧師亦不當忘其苦況、歷時雖久、仍望慰之、雖似有費光陰、然非妄費者所可比也。

第一百二十六節

望慰高年○人知老吾老、而於人之老、每置之不顧、或簡慢不禮、教牧職在救人、如訓導僅及於青年、而忽略教中之老者、揆之於理、殊屬非是。夫暮年之人、血氣既衰、靈才已弱、更當殷勤與之談道、俾於道中作剛強人。矧年老者、若能泰然自得、欣然樂道、卽足作後生之矜式、多有裨益於教會。設其人老而無行、頑而愚昧、不可因而棄之、更當爲之祈禱、多方勸之也。

第五支　望勸被感者

第一百二十七節　緒言○教牧於其職務、熱心祈禱、盡力實行、每有受感而爲罪自責者、以　神必成其意旨、其言決不徒然、斷不返回也。賽五十五章十一 此等初被感者、適如初萌之芽、宜多爲注意、蓋人於此時、疑難交集、待教甚殷也。教牧宜汲汲從事、敵禦魔鬼、以人之離滅亡也、魔鬼卽盡力阻撓、設不速引至赦罪所、恐被感者仍歸滅亡。惟教牧對於此事、勢難周知、故當先告知長老執事等、每遇有人受感、速來報知、因始生之萌芽、如不及時澆灌、則易乾枯也。

第一百二十八節　引人歸主○教牧若知有人慕道、當至其家、或避靜所在、諄諄誨之、並問其受感之故、藉此情以訓迪之、解其疑惑、增其信望、引之歸主。若遇人不欲直言其故、當詳爲指明、使知不言徒以害己、言之乃或有益、不可因虛恥、而負永久之險也。

第一百二十九節 以經訓衆○教牧任職有年、閱歷已深、固可藉己所經歷者、以解求道者之難也、然終不若取用經訓、破其迷惑、指以正路、蓋聖經爲救人而作、其言無不適宜也、況經訓屬　神之言、人倍加信賴乎。或知某某受感、然阻礙尚多、可爲之特行宣講、如是而他人或亦得助、以人屬靈之難、率多大同小異也。

第一百三十節 不可失望○教牧因頑固之人、屢戒不悛、遂致灰心、此斷不可也。蓋頑固之人、畢竟如何、尚不能逆料、故當耐心以候、不可失望、或其人被聖靈所感、而變爲美善也。又有心地昏昧、在道游移、信心不堅者、當爲之切求、令其持定眞理、有信有望。又當思及於酉時、始進主園作工者、反爲主最勞苦之僕也。

第六支　奉行聖禮

第一百三十一節 緒言○教牧奉行聖禮、可親自主持、以是禮爲主親立、當愼重行之也。此禮有

二、一洗禮即進教之禮、係於衆前、與主立約、爲在人前行天路之首步。二聖餐即記念主死之禮、虔誠之信徒、覺主親在目前、食時心必悅樂。此際若宣講切中、人易受感、不啻伴主在聖山矣。此二禮爲聖教大典、教牧當盡心爲備、或在講臺、或在素日、鄭重談講、俾教衆至期更近於主也。

第一百三十二節

備食聖餐○將食聖餐之時、教牧宜盡心爲備、於前數聖日、每在宣講、使教衆自省、免無意而食、且盡力訓人多得主恩。若値冬季、可於前七日、逐日宣講。但一人爲此、難勝其勞、故請他牧相助可矣。若逢春秋二季、雖無多暇日、然每前二日、可特行宣講、鼓舞衆心、使想主爲吾人受苦。斯時雖極無暇、然備此二日之時、以思主之大功、誠不爲多。當斯時也、亦可乘機逐家而勉勵之。

第一百三十三節

聖餐日之宣講○中華教會、一堂人數無多、聖餐少頃可畢、故當加以演講、申明聖餐大意。惟須精心思維、求其奧意、防無味之套言。若人數衆多、午前照常宣講、午後分食聖餐、其時亦加勸勉、俾人各默禱思罪、許願立志、虔誠事主、斯爲美耳。若有不信者、或教衆眷屬、已在講堂、不必辭出、可請之同聽講焉。

第一百三十四節 孩童受洗○爲表明教衆子女、亦屬教會、有孩童受洗之舉。惟不當於食聖餐之日並行之、免人分心而少得益也。於支會之大者、每年最少當有一日、特爲幼童演講、藉此日施洗、並申明大牧在世、亦眷顧孩童、極爲適宜、防不信者、視爲無故之舉也。

第七支　治行喪禮

第一百三十五節 緒言○教牧襄行喪禮、實一難事、以其事半出於倉猝、無論閒暇與否、必須前往。既至矣、又耐心候齊弔客、始可舉行。且需用之論、宗旨大致相同、若非在在注意、則易成虛文矣。況觸於目者、皆傷心之端、是以自喪而返、欲循常動作、則有難焉。若遇無望之喪、雖宜據實立論、其家人又在目前、凡此皆爲治喪禮之難也。雖然、亦有其福、以撫慰哀痛者、乃善人所樂爲、亦適合主之式也。如立言切當、可得一家之愛、藉以導之信主、更能彰明信主而死、較不信者、有何福祉。

在中華行此喪禮、亦布道之善機、使衆通曉賴主之善人、逝世有何平安。賽五十五二章至行喪禮之舉、可分四條申之。

第一百三十六節 爲時勿久○喪葬之日、演說以時少爲佳、以聽者佇立而待、若歷時過久、即有難安、而諸多外人、更難使之肅然勿譁也。故於未行禮之前、先向衆人講說、乘其靜默之際、繼與喪家、及教民言論．不然、恐講者不得講、聽者亦不得聽矣。即外人無多、仍以時少爲佳、以人心皆注意治行喪事、無意多聽講也。

第一百三十七節 譽人勿過○教牧慰亡者之親屬、解其哀苦、每用情太過、稱譽太高、此常事也．惟不如謹言、不輕譽人、則喪家無此奢望。如謂善善從長、昔曾誇美他人、此人則不得不爾．不惟教牧作難、在他人聞之、縱不以教牧易欺、亦將因過情之譽、而謂教牧譽人之不實．又恐他人效尤、覺勿庸竭力事主、而仍能得救也。此即常理而論、若亡者非常虔誠、素稱善德、勸衆效之、則無不可也。

第一百三十八節 變通演說○治行喪禮、不必在在致誇美之言、要在變通其說、如亡者之年壽、病時之久暫、臨終之情形、與斯世之計畫、成與未成、並其在家在外之境遇、皆可取意。又可晤切其德行立論、如是則他人聞之、亦可得益。若所取之經題、與其壽數等事、果爲相宜、又即聖經所載之復活、樂園、故家、及天父恤人之言、節取美意、變通其說、衆人自多受益也。

第一百三十九節　趁機宣道○行喪禮之際、雖爲時無多、亦當趁機宣揚主道、俾人知信主、實一生之首要。蓋人之生也、有知己相依、及死亡之際、則惟主可賴。設素與主親近、臨終必無怖懼、因主業已爲我、遠避死亡之鋒鋩、勝過陰間之權勢。況其親屬、隣舍、觸目關心、多已受感、故訓之頗易。此外會葬之賓朋、觀禮之伴客、或有未得多聞福音者、尤當乘機以聖靈之種、種於其心也。

第八支　領衆讀道書及閱教報

第一百四十節　緒言○聖道書籍、有助於救人之功、教牧既以救人爲念、故當選其美善者、勸教衆讀閱、以得其益也。

第一百四十一節 聖道書籍○中國昔時、栽培教衆、無多相宜之書、今則日見其多．有指得救正路者．有慰信徒心懷者．有解聖道、與教衆義務、並基督與使徒之言行者．更有述古今名人、道德實錄者．凡此皆可助人明曉眞理、進修厥德、而作主所悅之人。教牧於此諸書、雖不能一一捐贈於人、然能指明其佳美者、俾人生羨、自行購閱、而得其益也。

第一百四十二節 教會報章○英美等國、各會有其教報、雖載有他事、而其宗旨、乃在道德心理、與本教之關係．時在中華、淺白之教報、尙未多見、更加以鄉曲支會、投寄不便。惟教牧爲教衆代購閱之、既可明各處聖教情形、又可多得美訓、而增知識。且閱教報、亦可助人遵守聖日、以防心涉俗事．其中之美論、有時教衆可用爲聖論。總之、教報之益、不一而足、故牧師宜勸教衆購閱、且指明何報益大、以免無益之消耗也。

第九支　教牧教衆聯爲一體

第一百四十三節

同心之益○教牧與教衆相交、設處己太高、人則惡之、與人相遠、人則疏之、雖欲慰恤、亦不可得矣。況作福作威、自尊若長上、卑人如小兒、則失之驕傲、更難使人悅服乎．惟與人同心、親之如弟兄、則人自欽佩、禮貌雖有不周、而內心則無不服者。教衆欽佩、實屬緊要、蓋人於敬服之者、凡一切籌畫、不生阻撓、且樂表同情也．見下第六章 如是、則得安心、以謀教事、於解經宣講之工、更可多致力矣。

第一百四十四節

議論之害○有不明達之教牧、輒議論本會、或言教衆愚拙汚辱、或言其固執吝嗇、此卽其不愛羊羣之據、久之本人聞知、則灰喪道心、卽在他人聞之、亦遠避弗遑、後在本會、雖欲盡力、恐亦無可盡力之處矣。惟將本會之善行、時懷於心、與教衆親若一家、休戚相關、無分彼此、則情誼之篤、或似保羅與腓立比支會、彼此相親、且相體恤矣。設偶有兩相誤會、不釋然之端、寧自行受虧、亦不可失教衆之心、以教牧果爲誠實公義、無稍偏私、卽可坦然自得、無所愧歉、而教會亦無不興旺矣。

第一百四十五節

第六章　教衆相輔之責

緒言○教牧雖爲本會首領、於興旺聖教、則不當責成其一身。試觀他等職業、首領於諸事、如必一一自爲、不惟勢有所不能、所成之工亦少而不美、且於工人有害、蓋使衆不圖自立、而專因人成事也、如是於聖教中、凡百事務、必待教牧肩任、則有損矣。昔主之喩曰、人各當盡力、待主人回時、可按本計餘、故教會諸事、教衆宜互相承任、不然、卽負主之命矣。又人之才能、若不致用、卽漸消弱、譬之人身、肢體不使運動、其力則漸少。按之主訓、葡萄之枝、其結果宜衆、是以祗增人數、不使爲主作工、教牧之功、亦不得謂有實效也。在小支會中、教牧於諸事、猶不能一面任勞、一面盡職、况在大支會乎、蓋教牧之責、誠有不能分任於人者、如宣講聖道、望勸教衆、問慰病人、及安慰老者等工、又加以應酬世故、照理家事、擘畫教務、自不暇爲瑣屑之事矣。若於此等細故、一一自爲、勢必於正務、多有草率、且恐於備講要責有礙也。

第一支　教會自強

節一百四十六節

教會宜自振作○曠觀列國、凡於政事、學問、製造、及各等事業、上下交相奮勉、士庶爭相進取者、其國勢必蒸蒸日上．否則將被強國吞滅、此必然之勢也。主國亦然、教中之分會、猶國之分省也、每會又分支會、猶省之分區縣也．故教會無論大小、當警醒以圖振作、在信徒所能作之工、各有其分、務互相擔任、不可凡事委諸教牧、及宣道之人也。

第一百四十七節

變法以興教會○世界諸事、固不可反覆無常、亦不可泥古不化、教事亦然．無論何事、久則人多目爲常規、振作之精神、不及舉行之初、故明哲教牧、乃隨時制宜、決不牢守舊規。縱在宣講察經、亦須有變通、不然、如人常食一物、久則無美味已．況時勢既常變更、亦宜以變更應之、故當隨時注意、見何法有益、即採用之、切勿坐失時機也。然尤不可輕事更張、當先思考某端在他處功效如何、按之本會景況、是否適宜．又預思協理何人、教衆是否認可、再量己之才力、經營此事、不至有妨他務．觀前顧後、其益若何、其弊若何、如是先謀而後行之可也。設籌備尚有未妥、不可徑行、蓋教事與國事一致、君擬一律、理似極合、而實不可行、與其立而不行、不如不立之爲愈、因輕易改革、而勢不可行、不惟不能服衆、且致人輕藐也。教牧再三斟酌之後、見某端果純善無疵、即當求主引導、復與長老執事相議、指明益之所在、待衆議定、然後用之。在初縱有阻礙、亦當一意舉行、俾教衆咸知、並非圖利己、實爲益聖教、榮上主而起也、由是教衆前之不表同情者、後見教牧如此、則靡然相從矣。

第一百四十八節

第二支　教衆個人之責

教衆作工〇主之喻曰、家主已因才器使衆僕、教牧爲主代理教會、亦當使教衆、各有其工也。十八週中、英有危斯勒 Wesley 者兄弟二人、熱心布道、因創立美以美會、今已徧於五洲矣。推其能成此功者、固因其賦性高明、蒙　神佑助、尤因其立志使人努力、各盡義務也。今之教牧、於代主勞力之訓、鄭重而道、熱切而陳、使男女老幼皆作主工、聖教振興、卽可預必。縱懦弱之人、亦不能自諉無工可作、或較強壯者更盡力耳。工作既有不同、才力亦各有異、故人可各適其用、主軛易、主擔輕、原不強人所難、惟作工不力者、難辭其咎。如受一千者、固不及受五千者獲利之多、然亦不可掘地而藏主之金也。論吾人所當爲者、其要有三、一量材致用。如善交者、卽用以導人信主、善教者、則用於主日學、查經會、教人聖道、善言者則藉其才辯、申明主道、善講者則可領公祈、訓人勸人、以及善唱詩者、善勸和者、善理事者、皆宜各盡所長、以作主工。卽在婦女、亦宜各盡其能、以盡義務、如或爲憐恤貧窮、或爲老者讀經是也。凡此等工、不能一一枚舉、要非牧師一己所能爲、亦不當獨勞其一人、宜“百節各依其量相助、則漸長而建於愛矣。”弗四章十六二尋機盡職。如保羅云、“宜惜光陰、原文光陰作機會言以時日邪惡故也。”弗五章十六其意謂世人之惡偏、無異水之就下、故主之門徒、當趁機挽回之、勿聽其終流於惡。雖所得之機、有大小多寡之別、然其成工、不能預定、故當在在注意也。夫聖教之工、固有公務獨行之別、然任屬何工、要在人樂行之心、若教牧先激勵之、而後指之以機斯庶幾矣。三 知所先務宜自近而遠。譬有家人鄰舍、可信而不信、當循循善勸、釋其疑惑、引之信主。在此一事、即或數年之久、亦不憚煩、務引其信主也。且於所當行、不宜遲待、當思所羅門之言、"凡爾所經營者、當盡力經營之。"誠如是也、雖所爲者仍多缺陷、然較之袖手無爲者、成功較多矣。

第一百四十九節

長老之責任○昔保羅之布道也、有提摩太、提多、西拉、路加、諸人爲之輔佐、然則計議教事、今之教牧、可不賴本會諸領袖之助乎。夫諸人既被教衆選舉、爲栽培道德、贊理會事、故凡任是職者、理宜奮勉、無負衆人之託、而爲長老者、更宜協助教牧、牧養教衆（若屬可行、各方宜有其長老）勸導外人、解釋教民之不睦、排斥異端、助人回轉、尋求良策、廣行主道。若教中之兒女、至年已成人、而仍無靠主之心、則當設法導之信主。凡此聖工、及一切振興教會之舉、長老皆當注意。見下章第任是職者、每多不知責任之義、徒見小節、而不明大體、教牧宜詳教之、使之知職任所在、如助理有人、則功效較大矣。

第一百五十節

女徒之工○大牧在世、多有婦女相從、並供輸資財、助宣福音、即今泰西各國、教會婦女、自成團體、以與善舉者、亦不乏人、如籌捐布道、周濟貧窮、聘請牧師、並於無知之人中、廣設學校、種種皆是。（於1909年美北長老會之女布道會、爲在本國布道共捐536912金元、爲任外國布道共捐160730金元、綜此二項捐數、在百萬之上、殊可驚也、外此又爲他項認捐、更在大衆公捐時認捐）又特有女界公祈、自行主講、言論較更切中。女徒聚會、亦可謀行道之策、如警醒教中懦弱之婦女、導引教外未信之姊妹、相與互求聖靈、培養道心、久則可化導多人、惜此女徒之工、中國至今、尚未多見、誠聖教之一大缺點也。

第一百五十一節

顧念貧老○前言望視貧窮、及年老者、爲教牧之本分、而長老與衆女徒、亦當於此致意。夫人已年邁、既無能爲、又寡交遊、寂居無偶、形影相弔、此情此景、實爲難堪、若教衆顧而憐之、彼必欣悅、並可多得輔助。論待貧窮之人、當念昔日之使徒、一則謀慮靈魂、一則憐憫身體、如此可彰救主之慈愛、而顯聖靈之結果、亦可化人硬心、助之信主。不然、主究在吾人中否、無由而知也。若教中女徒、效多加之善行、竭力襄助、鄰舍之難、所費者少、所獲之益多、因此等情誼、能激發人之善行。至於望慰病者、不惟可悅其心懷、亦可於其久病之後、不至怨天尤人也。反於懲治之中、蒙信衆之顧恤、覺主之懲治、實有美意寓其中也。行此類之善舉、不第效使徒及賢女之遺型、亦法救主之所爲。故教牧宣講時、宜多注意訓人、盡此義務焉。

第一百五十二節

接待客旅○於鄉僻之小支會、此端似不必言、有客戾至、教衆自款待之。在城鎮之大支會、往來客多、教民於此、誰復關心。然經有明訓、戒人，，勿忘懽接客旅。‘‘（來十三章二）是以教牧訓誨信衆、宜於此有佳美之式。嘗有至會堂觀聽者、以信徒殷勤周旋、遂至期復來、久則樂於信道焉。又有已奉教者、有時遷至某處、因無人接待、覺無興致、寒心而退者。更有在家守道之信徒、及出外迷於惡俗、不守聖日、忽因教某相與往來、同約至講堂、遂受感而復生熱情者．似此懽接客旅、所收之效果大有益於救人之功也。

第三支　公祈

第一百五十三節 緒言○聖教自古至今、注重公祈、在興盛者、爲衆信徒暢快之日、在衰微者、爲虔誠人勸衆之機、如馬拉基書三章十六節曰、“厥時敬畏主者、彼此別有議誼、爲主所聽聞、”是也。公祈乃教會冷熱之表記、熱則人數升、冷則人數降、與寒暑表之汞、隨冷熱升降者、舉相似也．從未見冷淡之支會有熱心之公祈、亦未見熱心之支會、有冷淡之公祈。夫教會之冷熱、不可以其守安息日定之、以教衆多於是日不得作工、故守之者衆．惟於公祈、各聽其便、心中冷淡而重俗事者、率多不至、眞熱心者屆期而至．故教牧對於公祈、宜鄭重視之、俾人多聞永生之道、而得輔助、以免爲世俗所蔽焉。

第一百五十四節 鼓勵公祈之法○據理論、公祈之際、教衆宜畢至咸集、但視爲常規、毫無趣味者、雖盡力勸之、彼亦不至苟變通其法、鼓勵其意、大抵無庸相勸、眞實信主者、自無不悅矣、欲公祈佳美、以變通爲第一要義.（見百四十九節）譬如宣講、預選佳題、報告會衆、謂至公祈將言,,逃跑之差役、''屆期則申明約拏之事蹟。或謂將言,,神之友、''到時則言亞伯拉罕之生平.曰將演,,醉酒之可恥、''臨時即以羅得與挪亞爲題。或云將論,,婦女識字之益''登臺即以提摩太之母、與其外祖母立論、此等題見於聖經者甚多、教衆無論男女、將皆樂於聽聞矣。又法、於所宣之道、多引聖經爲徵、臨時一一請人宣讀、已則解明其意、惟意宜整飭、語宜簡當、果能如是、將見來聽者日衆、彼不得聽者、反滋不悅矣。一至聖日、人則愈形其衆、蓋公祈人多、聖日人愈多、此必然者也。

第一百五十五節

公祈宜形親近○公祈之時、一同祈禱、互相談道、原爲大衆得益、故宜彼此坐近爲美.正如人之聚談、不宜相去太遠、而以對近爲佳也。設教衆於堂、列坐皆後、領者即滋不悅、而消高興之心、因而全堂亦受影響.此雖小節、關係頗大、故衆人若不前坐、領首者可召之使前、蓋以與衆愈近、愈得宣講祈禱之益也。在公祈不可因有未至者、斥責目前之人、每有教牧以數次來者無多、遂指斥本會、稱揚他會、殊不知此皆無益之舉．一則來者被責、心卽不樂、是消滅其喜愛之心．二則他人不至、斥責來者、恐下次人數將愈少矣、故不若婉言相勸、使來者多得益也。

第一百五十六節

公祈宜從簡該〇公祈之內容、當從簡賅、若宣講過久、人卽乏倦厭聽、祈禱過長、人則怠慢不誠、頌讚詩多、人亦難昭虔敬．惟從簡賅、教牧宜親作矜式、果能如此、人將樂爲倣傚．或有不知從簡而祈禱過長者、則乘間暗告之、謂茲將請數人祈禱、時宜減少、或謂公祈之益、在有多人祈求、故宜各減少其時也。領者若仍不悟、可以和氣婉言告之、務使從簡．惟教牧於此、極宜謹慎、一則不可傷教某之心、一則不可妨公祈之益、蓋公祈之作、譬之飲食、寧使人散堂時、覺食美而不足、勝於因多而生厭也。

第一百五十七節

祈禱宜切實事○教牧禱告、若空言祈求、不切實事、即漸成故套、言詞難免一致、教民更易如此。不知空虛之祈求、難蒙應允、惟切實之祈禱、得蒙悅納也。至切實事祈禱、聖經亦有明證、如以利亞特爲求雨、則得普雨下降、所羅門專求智慧、遂得智慧超羣、此皆因切實事祈禱也。教牧有時可特意指明爲某事禱告、並鼓舞教衆俾各將所望及關於聖教之事、一一據實祈求。如爲某支會求福、或爲某兄弟之難、或爲受迷惑者、特行求救是也。如此祈求、大有感激之能、亦蒙 神悅納焉。

第一百五十八節

領公祈者○教牧領公祈、固較他人爲美、然不可視爲定例、蓋他人若學習、遇牧師外出、則不至領者無人、况近今華牧之情形、一牧兼理數會、勢不能各處皆至、故在主日、各處宜有其能擔任者、若不早爲學習、即任之亦不能使衆得益也。若領公祈、更易請人、可使教衆多聞新意、教牧於講論後、繼以勸言、亦較素日倍覺有力、因被他人感觸、出言愈加切也。至於未曾領公祈者、不可徑請其主講、反請其助意、則責任不在己身、彼卽不至膽怯失措、庶可漸勝其主講之難。有時以查經代公祈、亦有其益、蓋於查經得益之外、有質疑問難之助、則可消釋人之恐懼、嗣後在公祈、言論則較易矣。

第一百五十九節

宜求聖靈同在○教衆每値公祈、當求聖靈同在、亦當保守聖靈合一之念、故拋卻俗情、及有阻聖靈之私心、將此時光、全歸於主。主已應允、凡二三人奉吾名聚集、吾亦必與焉、是以當虔誠祈禱、得主同在之益。在前數節所言、於人雖有輔助、若其獨少此、餘者卽全歸虛妄、蓋信衆果得聖靈同在之恩、於其日後之言行、可見聖靈之結果矣。

第一百六十節

各村分行公祈○數村之教民、合而成一支會、若在一處公祈、勢不能皆至、在婦女與年老、及疾病者、更有所難、故在他村、亦當有公祈、俾未能遠出者、亦得益也。各村公祈時、教牧一時勢難兼顧、故須次第前去、於所不能去者、可請長老或教習或宣道者、代爲領之。於公祈之際、亦爲布道之美機、蓋初慕道者、必不爲此徑往外村、但本處有公祈、則可往聽、而於禱告唱詩、讀經、演講、將多得道中之佳味云。

第七章　教會發達

第一百六十一節 緒言○聖教振興、充滿世界、乃　神之原旨、於主所言芥種麵酵二喻、可見之、故吾人宜常勉勵、求其發達、使主之光、愈照愈明、直至日午。有時爲此當有連日宣講、請他處教牧相助、以教衆之暇日、鼓舞其慕道之念、惟成此功、不可全恃人力、宜效雅各之式、務求　神助、似與主較力然、創三十二章廿六 或者上主垂恩、賜人以復興之日也。

第一百六十二節 連講之時期○論連講之時期、固不能一定、然於冬季、食聖餐之前一星期最爲合宜、以斯時聽講者衆、故可乘機鼓勵衆人、使將食聖餐時、深自省察、而各爲備、萬勿漫不致意、不省而食、以至招損也。食之日、乃人定志之際、教牧宜趁機遇、激發衆人、俾其詳細玩索、定志與主聯絡。即在他季、食聖餐之日、安置於閒暇之時、亦可數日連講、使教衆多得其益也。

第一支　奮興會之益

第一百六十三節 聖道奮興○聖道奮興有勃然而興之象、則傳流極速、惟在何時奮興、人不能預知、以此則屬聖靈所爲也。（約三章八）其初多因教牧等首被聖靈所感、大得能力、而在宣講、則有“剖開刺入”人心之能、藉之他人祈禱、愈加親切、蒙　神祝福、聖道因而有奮興之式。或因前數年所播之種、今忽萌芽陡生。或如前數年之危勒司、聖靈先感動一人、賜之非常能力、各處宣傳、後則感動多人、自悔其罪、接受聖靈、藉以廣勸鄉鄰。雖在教牧、不能預知　神將施恩之日、然務當竭力播種、祈求等候、如雅各所言“農夫候地之寶產、恆心待之、以至得前後之雨”耳。

第一百六十四節 奮興之益○或云聖道勃興、不若漸興爲愈、意謂奮興時、新入者隨流而進、究亦不能堅立、殊不知麥內難免有粺粃也。惟教會曾經有奮興之日、其益有四。

一有益於本支會。於素常懦弱之支會、經蒙此恩、則可變爲強壯、致人數較多於前、是適如將滅之燈、忽得油發光、照耀多人、益何大也。二 有益於教牧。斯時非第宣講熱切、在己目中、又如有鱗落下、故於查經、前之未見有味者、今則滿有訓誨。前之曾被俗情纏身者、今則解脫、作主精兵矣。又以多收主之禾稼、則欣然而樂、益增愛主愛人之心、而所謀所爲者、更能歸榮於主矣。三 有益於教衆。經此奮興、可增教衆信愛之情、而於所期望、則尤高大、故爲主作工、更形踴躍。又因被聖靈感化、覺其蒙恩深厚、即變素日之行、前有不睦者、今則彼此愛憐、互相赦免。(弗四章三十二) 斯時也、教牧如知仍有不睦者、務勸和之、以免有阻聖靈來格、亦當言明阻當聖靈、其罪何大也。四 有益於初蒙恩者。其蒙恩也、離滅亡境界、而入愛子國中、適如自火中取出已燃之薪、樂何如也。教會有奮興之日、因而能由陷阱由泥中救人、使立於磐石、(詩四十篇二) 胡可謂奮興之舉、爲無益也。

第二支　奮興會時之工作

第一百六十五節

請人助講○奮興之日、請人助講、多見其益、未見其損也。第教牧請人之際、宜再三致審、恐請非其人、而所講者、適如傾水於將燃之火矣。本會教牧、當仍作首領、並親行講論、激勵衆人、以教衆心念、己所深悉、且責任在己身、故宣講有力。復於備講餘暇、同被感者、晤行祈禱、指以正路、審此、更當請人助講、不然安得有餘暇哉。

第一百六十六節

培養受感者○教牧於奮興會時、在在關心、可知誰人受感、尤宜逐與面談、破其疑難、助之從主、蓋宣講雖可解疑難、然未必正切各人實情、故不及會談、更爲有力也。惟受感之人、在牧師勢難周知、故當請長老、及會中有道德有知識者、知有受感者、卽來相告。恐仍有遺失、於宣講畢時、可請凡欲離俗從主、或心有所難者、散堂之後、小住爲佳、或請其親至教牧之舍、詳細問聞。或於將散時、請凡有志從主者、皆自起立、如是則膽怯之人、見有輔助、愈堅其志也。若揣知其人、有意事主、無論起立與否、宜往勸之．如不能一一親往、可託會中才德之士、助此善工。此工雖多費光陰、殊有大效、以前往相會者、既無他人在側、可直言其情、而專心受教、教牧亦得盡所欲言。誠如是也、縱無意從主之人、亦將因教牧如此盡心勞力、抑或受感、而切心求救矣。

第一百六十七節

奮興時宣講之大旨○奮興時立論、宜申明聖道之首要、如證人皆有罪、且言其故、復使人知罪乃已所實有、繼言　神之公義、必不容忍罪人、其震怒終必臨一切不義者、人始知其險。繼言人宜離衆罪、而脫此險、但惡素所愛、愛素所惡、非悔改重生者不能．故又告以蒙聖靈重生、祇有一途、即誠心賴主而得其能。蓋未獲新生者、即不配作　神之子也。

第三支　奮興會後之培養

第一百六十八節

奮興後之講論○嘗有支會、當奮興之際、在道之熱度、已達極點、惟不久漸落、放棄如故．此等奮興、其將何益、前進如潮湧、後退如潮落、殊堪惜也。斯時教牧宣講、宜使教衆知如何脫前日之習俗、如何，衣　神備之鎧甲。；遵此宣講、庶俾教衆不失其奮興之熱心、於新進教者、亦可藉爲基礎、嗣後之建立、卽有進步矣。

第一百六十九節

初奉教者之培養○初奉教時、爲天國之初步、於斯時訓之、可望其爲有用之人、一生榮主、不然、恐愈趨愈下、不能作主勇兵矣。牧養之要、在教以聖經、使於道漸有進益、蓋人登天路、以神言，爲足前之明燈、路中之光亮。；彼先慕進教、而後不作主有用之僕者、率因玩忽聖經、不視爲急務也。教牧宜加以培養、使各有主日課、可以考究、亦勸之逐日讀經、並親檢察其工夫如何、使於道中有智、明曉何爲主徒。惜教牧於此、每不注意、亦不引教衆習經、竟致多有退去者也。○凡始與主立約者、宜勸之不可效彼冷派之式、不查聖經、不作公祈、反宜乘機多領經訓、蓋信徒若輕藐聖經、不思恭候聖靈、卽難有進步、故教牧宜致意於此、見始入教者、不查聖經、不守主日、不來公祈、務勸其順主之模範、，勿停止會集。（來十章廿五）又宜教之唱詩、惟須辭義顯明者、否則難於記憶、亦無佳趣。並當爲之解明、則日後之歌唱、即覺有味。設教牧之內助、或他女徒、於始信主之婦女、教以唱詩、則更有益、以其異日可用以教其子女。教人唱詩、不惟學者得益、於教會尋常禮拜、亦大有輔助也。

第一百七十節

初奉教者之工○初奉教者爲主作工、首要在以行爲、作一家一鄉之矜式、再則宣言於口、見有機可乘、即與鄰舍密友、及家中人言之。遇患病者、即與言耶穌爲救主、如何寶貴。逢有意求道者、與之祈禱、爲之開路、或力行勸勉、盡所欲言而後止、蓋初信主者、若各知爲主效力、則聖道之興、可立而待。否則漸就衰微、而外湧之活水、將成涸竭之死池矣。

第一百七十一節

聖道發達素日爲貴○教會之興、雖賴有奮興之時、其要尤在素日之生長。試觀　神之保養教會也、固有特賜之恩、如降沛雨、而其常道、乃如微雨細露、滋養經年、是以有如許支會、雖未逢奮興之時、然日新月異、其興盛也、亦不亞於積久腐敗一時忽興之支會。故教牧宜時常致力、以求教會之振興。倘不見求救者、當返而自省、或有過不知、或察經有缺、或備講未善、或徒恃人力不賴　神能、並詳察會中有無隱罪、害人如疫之俗。在當躬與本會若無不善之舉、即當見功效、蓋主設立聖教、原爲救人、若不見效力、必其中有弊端在也。

第一百七十二節

教會之內長○前言教會發達、率即表面而言、以聖教中人數增加、則謂之興盛、至其實長、乃在內而非在外。若僅致人數加多、謂之奮興、則不敢必也、以天國在人內心、非屬顯然者、故教會進步、必內外同進、始爲美善。論內長、其據顯而可見者、即活潑之良心、慈悲之襟懷、虔誠之容止、稱恩之行爲、意外之平安、爲主勞力之心志、憐恤貧苦之衷腸、並謙卑、溫柔、忍耐之言行。教會有此諸德、始眞爲發達、而多榮　神、故教牧於本會、當時時爲此祈禱、以在內之功效爲要焉。

第一百七十三節

備人學習教牧○爲教牧者、當思日月旣逝、歲不我與、欲爲聖道立百年之基、莫如得人、故當於教中青年、物色天資高明、富有道心者、勸之入神學、終身獻於主用。雖不能所勸皆得、然爲此盡心、爲此祈禱、終必有所得也。嘗見泰西、每有支會多出人才、作主之工、亦有無所出之支會、推求其故、在牧師於此盡心不盡心耳。論備人學習教牧、實爲明哲之遠圖．試觀明君賢父、不惟爲當時謀慮周詳、亦爲後世籌畫備至．審是吾儕既爲主之家宰、不當爲其國圖謀將來乎。惟此要舉務選合宜之人、否則寧一無所得、亦勝於選不合宜也。

第一百七十四節

第八章　教中孩童

緒言〇於訓誨兒童、視爲無足輕重、此非明達之見也．試觀昔之天主教、在耶穌教初興時、曾立一耶穌會、以示抵制．其宗旨多以訓導少年爲事、未幾大有效果、蓋以幼時所種之道、長時鮮有不行者也。耶穌教中同有此意者、如英之教牧德勒直 Doddridge 曰、吾寧育養基督之小羊、亦不列於君王之中．美有一博學教師 Ashbel Green 易簀之言曰、吾若得復行前途、必多於孩童注意．

有米勒者 Miller 曰、我已多年爲牧、苟再任職、必十倍其工、以訓少年、蓋使懦弱之支會發達、莫善於幼年人、盡厥職也。

第一百七十五節 家庭之聖訓○父母訓其子女、不惟分所應爾、亦　神之命也、如云、"我今所命爾之言、爾當記於心、繼訓爾子、無論坐於室、行於路、一坐一立、無不講論、"申六章六七 如此行者、亦　神所悅也、見創十八章十九英文繙譯 十論如何教之宜、"以主道與警戒、而鞠育之。"惟此、亦可觀以下所列之書、詩七十八篇四・箴十九章十八・廿二章六・廿九章十七・弗六章四 茲所列者、皆父母所當爲也。惜人多不實行、故教牧須曉知　神命、不可推諉、況其子女受洗時、或曰於主獻時 業已許之也。教牧巡視本會、亦當察問孩童受教如何、並勉勵其父母、各盡教子之方、庶自幼至長、可安分事主焉。

第一支　特別演講

第一百七十六節 爲孩童特備演講○教牧每月或每二三月、當有一次、特備簡明之論說、爲孩童宣講、此非言孩童素日可以不至、以素日所講者、亦有其能曉者也。若爲孩

童特備、亦不誤長者之聽、以易曉之理、亦長者所樂聞、蓋所備言辭淺顯而情
意淸切故也．惟選題須求其適宜者、勿分條過多、使其難記。合宜之題、經中甚
多、如言，，城中多有童男幼女、遊於街市、‘‘亞八章五可先申明此城邑、即耶路撒
冷、亦即今之教會。分論如左、一兒童在教中、與在城中相同．二在教中所得遊
樂、如遊於街市．三在城中亦有平安、以其有牆垣、足資護衛．四此城大有光榮、
以其爲大君之京師也．五城中之人如何。又如列王記下五章、記乃慢之妻、所
役之以色列小女子．先述其來歷、乃被亞蘭兵所擄爲人奴僕．繼言乃慢爲誰、
身有何病、如何得愈。復申明其中之道旨．一孩童宜早學道、設此小女、未曾學
道、何能告於乃慢前去求醫也．二被難之中、復有甜果、試思小女被擄、雖在其
父母、心必憂傷、然於其國大有益也．三小事能有大效、如小女一歎息、一祈禱、
遂拯救以色列國是也．四人之有用不論大小、於此弱女、足爲明證。如此宣講、
不惟感發孩童求道之心、亦可激其父母、訓之親近於　神也。

第二支　主日學課

第一百七十七節

孩童主日學課○昔英有一處誠信徒雷克斯 Raikes、以鞔履爲業、因於主日見本城孩童遊戲放蕩、多習於惡、遂慨然於聖日、開辦一小學、親行教之、名曰聖日學校、卽今之主日學課也。嗣後漸師其法、凡奉耶穌教諸國、莫不有此學課。非獨孩童可得其益、奉教之男女、亦多在主日分班、考察聖經。論在中國、當立主日學否、細視地方之情形、本會如有教習、與宣道者、或男或女、堪相助理、宜設立之。若無人相助、可於主日午後、不開演講、祇請衆人復會、選聖經一段、以訓誨之、以作主日學課。在教民衆多之處、則依規分班立之可也。

第一百七十八節

主日學課之益○昔保羅訓以弗所教民曰、,,宜愼爾所行、勿如愚者、乃如智者然、‘‘（弗五章十五）繼言如何可作智者、卽,,宜曉主之旨意‘‘。是已主日學課之設、正爲此也。不惟當設立、更當常加改良、致有多益。試略舉其益、一有益於教中幼年。中國教民學經者尠、故無論少長、在聖道多如嬰兒、宜概行教之。第孩童之課、爲教牧之責、亦父母之分。若與家庭教育、首尾相應、聯絡爲一、於學主日課時、可按步前進、上下貫通、且有教習解其所難、以補濟父母教授之不及、其益何大也。有此聖課、於教牧宣講、亦有所益、蓋宣講有時作難者、以聽者不熟聖經故也．如有聖日課爲先容之地、則宣講易於爲力矣。二有益於失學者．如人或目不識丁、或怠惰荒廢、其孩童實難蒙教、如教牧不代爲盡心、則此等孩童、除於聽講之外、無所受教．此教牧宜立主日學課、以教之也。三有益於訓導者．恆見有道學者、因無所施其才能、竟置身閒散、有此主日課、不但可展其所學、使人得益、且一己亦獲益良多矣。

第一百七十九節

主日課之期望〇主日學課所求者、其要有二。一求教中幼年子女、及時從主．有云、教中子女、信主之期、多在未冠之前、可見此二十春秋、即人最要時期也．故教之聖課、明曉聖經、尤卽其所學、激發其心、備蒙重生。若言必待成人、始可定志從主、卽爲撒但留隙、因魔鬼害人、不待人之智識發達、已引入迷途、故宜早引之歸入正路。如謂孩童不能定志、亦不能重生、此則不合事實、亦爲 神之大能妄定界限。二將聖道種於幼年之心人在幼年、記憶較易、所學於心者、即成爲準則。或曰以己所奉之道、預種於孩童之心、冀其長大崇信、此邪道異端、遺其後輩之路、吾人安可倣之、然宜知美善之方、不可因用者之不善、竟棄之不用、如是則固執矣。况人在幼年、其心多虛、譬之田畝、不種嘉穀、必生野草、滋蔓繁衍、芟除則難、人心亦然、故當早以眞理、種於其心、因世未有待子成人、而後施教者也。以人在幼年、記性最靈、且幼不學、老何爲、故宜早以主訓與警戒、牧養之也。

第一百八十節

教牧於主日課之義務○教牧既爲本會之首、於本會之主日課、亦當爲首。一愼選有道學、善於教授之教員、凡欲藉此鳴高者、不可用也。二先事討論、蓋明通之教員、不可多得、故考課已畢、或閒暇之日、同教員會集、參考下次之課、若預將課中要意、傳授教員、則不啻親行設教矣。三躬行設教、凡本會老者、教牧可親教之、以勵此老年、在他人或難勝任．教牧若親教之、其從主日課得益、或較之聽講、爲尤多也。

第九章　勸捐

第一百八十一節

緒言○主雖白施吾人以恩、而欲將此恩外施、費用在所不免、故爲宣福音捐資、極爲緊要也。在人之不能親行布道者、宜捐資以助布道之士、如當日從主之婦女、捐資助主．腓立比之信徒、供給保羅．而今聖教慈善之舉、亦爲報恩之美機、表愛人救世之衷腸也。不第爲本會奉養牧師、設學校、築講堂、當量力捐輸、即爲宣道於未信者之捐輸、亦分所應爾。再爲周濟貧苦、當依主之慈愛、助人缺乏。爲開設醫院、亦宜納資、雖至今所需之款、多數爲泰西教衆擔任、然既爲中華而設、則本國教民、更當相助爲理矣。

第一百八十二節

勸捐之理○捐施之舉、有時人不樂輸、故爲教牧者、每於勸捐、即有所難、又恐常向教衆勸捐、則冷其心、情固若是、然不可緘口不言、以此係　神所命也。舊約有云、,,萬有之主耶和華曰、爾曹當納什一、送於倉庫、使我家有糧。''（瑪三章十）新約亦言、,,每七日之首日、各量入而蓄之。''（哥前十六章二）神有此命、並申明其理、以激人樂輸之心、如保羅所言、,,少稼少穡、多稼多穡、''此言誠是也。復又激勵之曰、,,宜感謝　神、以其有言不盡之鴻恩、''意謂　神既賜吾儕一救主、縱盡力捐輸、亦不能報其恩於萬一、故教牧當以此理、曉示會衆、使各盡其力焉。

第一百八十三節

激人樂捐之心○蒙恩感恩、既屬當然、故當激勵人心、樂意輸捐、否則不爲感恩、　神亦弗悅。一則申明其理、使知此爲　神命、亦表吾儕愛主之心、或教衆聞之、天良被感、而樂於捐納也。一則效法保羅、報告他處樂捐情形、並言彼衆心念如何仁慈、因而多蒙恩佑、藉之鼓勵本會。再則言備有儲款、於宣福音、有何利益、須助貲財、振興主國。凡此諸理、在中國之教牧、宜多爲注意、因今之教會、對於養教牧、開學校、請布道者、諸多捐款、已大過前人、然亦非絕無缺欠也。

第一百八十四節

樂施之教會、既多蒙祝福、教牧於此要務、可忽乎哉。

開捐之規○爲聖教勸捐、其事雖同、其舉則異、若辦理得法、所捐自多、故教牧宜隨時地、詳爲斟酌、視何者適宜、卽變通用之、且使衆知、捐輸乃敬　神之一端、故當先祈禱而獻於主也．玆列五法如下。一特別開捐．教牧可預定一日、報知教衆屆期申明其理、及此舉之益、且在開捐前一聖日預言及之、使及早爲備．惟此法尙非盡善、以所捐之多寡、隨人數而異、而人數之多寡、又隨陰晴及他故而異也。二逐家收捐．教牧既先道其事、並申明其理、則長老或他人、可至各家、逐一勸捐．此法之美、在使人無可推諉、且教衆亦得餘暇、斟酌捐施、惟人多不欲任此勞．設有勤敏之士、欲任此責、則美善矣。三量力積捐、及歲暮全數交出、任堂會之議用之．此法之美、在人不知覺之間、卽得如許捐款、其不美者、一則用此款時、恐起紛爭、一則人不以此爲敬　神、尤恐時値歲暮、人不欲舍此款項也。四備帖收捐．多備捐帖、上列各項捐款名目、徧分之教衆、各照所欲捐者、書之捐帖、繼由司捐項者交回此法之美、在各人得自主、如何用其捐項、亦自行斟酌、何輕何重、返躬自省以便捐納也。五 逐日積捐、是法之美、由於聖靈之啟示、哥前十六章二又每於聖日、可藉以敬 神、且業已試行、每禮拜捐輸如許、較之終年一次捐者尤多。以上五法、教牧宜詳爲思度、何者宜於本會、則用之可也。

第十章 教會政治 蓋爲長老會之名辭然無論何會理則一也

第一百八十五節 緒言○按長老會之政治、支會各有堂會、而數支會則立一老會、數老會則聯爲一大會、合一國之諸大會、則設立一總會、以司教事之要務焉。

第一支 堂會

第一百八十六節 教牧於堂會○一支會之諸長老、偕其教牧聚議會事、名曰堂會、蓋支會公務、歸長老督理、本會如無執事、及委辦等人、教中諸務、皆歸長老裁治。教牧既爲支會之首領、自爲堂會之主席、惟長老多不欲提倡議事、故堂會內容如何、多在教牧之如何矣、支會大者、堂會之事自繁、如關乎入教、出教、勸懲、暫黜、解釋紛爭、謹防妄行、禁止異端、栽培道心、安排教事、及主日學課、等類皆是。設長老以教事爲要、復有知識聰明、卽能免卻如許事端、興起諸般良謀、然長老之能否若是、則多視教牧在堂會、如何作爲也。

第一百八十七節

選舉長老○堂會之關係甚重、故於選立長老時、教牧須示知教衆、謹選合宜之人、卽資質高明、性情柔和、不多事、善忍耐、不躁率、不求己名、惟求主榮、及衆所欽佩之人也。夫選舉會員、既爲緊要、故堂會可先提出數名、於所提者憑教衆復行選舉、如此愼重、始可免舉非其人也。

第一百八十八節

長老佐教牧之工○長老之舉、不第爲司理教會、亦爲佐理各等善工、（見百五十節）如分聖餐、考問入教者、赴老會、以及助教牧望病人、慰貧老、禁詞訟、息爭端、勸人相信、領叛者歸回等工。苟長老鄭重其職、爲教民者、則得其選舉之益。設遇本會無牧、長老可暫行代理、以免衆心離散、然若素未學習、恐不能勝任、或致教衆冷落、或起紛爭、或與外人不睦、此咎雖在代理者、而反窮其本、乃在教牧於素日未教之學習也。

第一百八十九節 訓迪長老○英美等國、聖道興盛、倘有長老、不諳教會政治、不知盡其義務、况於中華、聖道初興之地乎。惟教牧嘗肄業神學、得明諸般要務、故當訓迪長老.如數牧相約、有教以教會政治者、有訓以長老要務者、有導以聖經註解者、則美善矣。每有長老、非不欲盡職、提倡議事、惟因不明職守所在、恐招物議、是以中止.如教牧預爲訓迪、則可坦然盡其職守矣。夫教會政治、行於教中、必自長老始、不然、則不及遵美以美會、派監督主持、猶爲愈也。設有長老曠職、教牧當暗行相勸、若仍不盡職、雖不能徑行廢之、然可請本會、別舉一位、襄助會務、以教中諸事、不宜皆歸教牧一人也.即能獨理、亦與教會政治不合矣。

第二支　堂會之難

第一百九十節 懲責教民○教牧於堂會、懲責教民、非欲廢黜、正欲藉此而拯救之、且表教內、決不容人肆意妄爲也。堂會雖具此善意、受者每覺被屈、而中心懷怨、故懲責之舉、不可率然從事、宜託長老先往勸之、或教牧親往相勸、如此數次、若終無益、始可行懲。雖然、復詳慎其情、斟酌於大小損益之間、然後從事、未爲晚也。設堂會業已定議、或斥責、或暫黜、或罰聖餐、則託長老與本人晤言、由愛心同之祈禱、忠言規勸、使之不至無顏、異日或有回轉之望。不然、若徑行宣告、恐成陷人之舉、而使之益加放縱、亦致其親朋疎遠。至前去相告之人、長老勝於教牧、一則長老多係本處、於個人之情、一家之況、多能知曉、故較教牧易於立言、且易得相告之機也。二則教牧親行相告、在本人之親朋、或覺枉屈、或覺羞慚、因而後日寒心。若託長老傳告、則少此弊、惟所託者、務選慎言之人、始爲美也。

第一百九十一節

清理簿册〇每支會之簿册、皆有停止聚集之人、蓋有未求遷書而適他方者、亦有未告本會、而遷他會者、更有無故不至者。然無論何故、其名不宜與他會友、並列正册。至欲銷除其名、以清簿册、或待其辭世、或送以遷書、或出其籍皆可也。如本處教某、徑行不至、則辦理較易、惟遷居他鄉者、既無從調查、將銷除其名乎、恐旋歸而寃枉、將送以遷書乎、則無從投寄、更不知遷去之地、是否相宜、情固若是、然終不可與他人、並列其名、以免本會簿冊、有其名而無其實也、故只可別錄一册、各於其名下、註自何時未至、是否已遷他方也。

第一百九十二節

怪僻之教民○教衆之性質、多與常人相若、然有性情怪僻、動輒惹人毀謗者、亦有意見怪僻、常非刺教牧者、更有本會每有創舉、即生阻撓者、如此之人、設不列長老席、則教牧幸矣。善處之謀、莫若置之不理、亦不與之言事。縱在堂會、有此等長老、教牧亦不可灰心喪志、惟凡事求人之益、餘則託於主、不可思慮過分。不惟不可喪志、復當體恤爲懷、蓋彼有此怪僻、乃因其靈受魔鬼之束縛、教牧宜助之脫離撒但、作一與衆聯絡之人。即不能將其挽回、亦不可喪志、宜思保羅亦有其刺、以免驕傲、因此等人、於教牧之身亦有其用、故宜凡事謹慎勤勞、不遺人以指摘之隙也。

第一百九十三節

和息紛爭○教會如有爭端、教牧與長老、宜求和息．最要者在同人之間、不可起有爭論、因‚‚主之僕不可爭競也。‘‘（提後二章廿四）韋斯理曰、教民之中、縱有不和之舉、爲教牧者、務使親睦、即爭論之開端、亦宜除之。愛爭競喜滋事之人、宜遠離之、而追求與衆和睦。（來十二章廿四）愛爭競者、不愛　神者也。故不惟宜追求和睦、亦當守而弗失．若似將失之、務追而返之、總不可爲惡所勝、須以善勝惡。亦不可遺忘‚‚妒嫉紛爭之所在、必有擾亂、及一切惡端．‘‘聖教所受他等損傷、皆屬外患、惟相爭等情、乃基督‚‚受傷於友家也。‘‘設有爭端、勢不能爲之和息、且於教務、無有關切、不若權作未見、而遠避之、蓋‚‚越路理無涉之爭鬧、如提犬耳。‘‘如能爲之和息、宜勿偏袒、致人不服、亦宜自行謹慎、防生他端．凡事若無關於緊要理情、不若讓人爲美。見有人似不悅於己、則如常待之、或愈善待之、則如置炭火於其首矣、亦或爲之解明情由、使之釋然無疑．總之、凡事當以保羅爲準則。（哥前十章三十二、三十三、哥後六章三）又於詣信徒時、不可言及他人是非．教民如此、貽害較小、教牧如此、招損實大、所言縱出無心、在人則認爲有意。或已與某不和、宜緘口莫道、宣講之際、更不可暗行言及、以彼既不能置辨、則更滋不悅矣。儻遇人之毀謗、不必介意、宜如常盡己義務、卽可息謗、譬如火焉、吹之則烈、不吹則移時自息矣。躬自厚而薄責於人、不念舊惡、寧自受損、亦勿虧人、不以怨報怨、如此、不惟有益於己、且有益於教衆也。

第一百九十四節　經理帳項○教牧之立、原爲訓迪人心、備作聖靈之明宮、故本會之帳項、不可勞其經理、且帳中偶有錯誤、人則易生疑、而於名譽有關、卽無錯謬、亦或有誣教牧心愛金銀也者、經理此端、每支會中、將有他人、較牧師尤善、故不若留此寶貴光陰、爲教衆謀屬靈之益也。

第三支　老會之責

第一百九十五節　緒言○教牧於本會盡職之外、更有其營職之處、卽老會是也。教會原屬一體、支會卽爲全會之小體、故支會之事、各與全會有關、如分派準士、設代理牧師、酌立新支會、考察學教師者、舉立教牧、及興旺聖道等事、均於老會協商而成。此外有各支會不能完結而呈老會裁酌之端、是以凡爲教牧者、於老會之際、對於諸事、宜協商而善於處理也。

第一百九十六節 教牧各宜赴會○老會之期、非有要故相阻、凡屬會員、皆宜赴會、不可謂一已不至、無妨全體也。一 寄託所關、議權隨之．教牧既有所受之寄託、在老會卽有經營 神國之事務、舉意議決之權、教牧維均、不能倩人相代、此不可不赴會者一也。二 前往赴會、分弛衆肩、以衆支會各將其難、呈於老會爲求示助、設一人不至、則餘人之肩、重任自多、此不可不赴會者二也。三 不赴會亦爲害己、蓋會期常行不至、會中典章、則不嫻習、以致無能辦理教務、況老會所行者、亦與本會有關、如不赴會、何能知其與本會相宜否也。至在老會、聞衆議論、可交換知識、增益靈才、故自老會返、所獲之益亦良多矣、此不可不赴會者三也。

第一百九十七節 不可辭老會之差派○老會所派之差、不宜辭卻、以衆既派之、必有可派之故也。況時光珍貴、儻每派一員、卽行推諉、則妄廢時光、有誤會事。縱已恐不勝任、亦可學習爲之、因在弟兄中任事、正學習之美機、且因常兼派協理者、更可學習矣。如每遇被派、輒行辭卻、未幾將成爲無用之人、是以凡會中所派之責、非有要故、卽宜承之、待異日復任此責、卽有把握、不致敗事矣。

第一百九十八節

報告本會景況○於老會之際、報告本會情形、一則可得老會之助、一則可激會衆之心。每支會之教務、雖由教牧親行持理、然有一人所不能理者、卽請老會代爲理處。由所報告者、彼此相較、己之缺失則顯然呈露、後日可彌補其闕、以免全羣受害。然此美舉、非教牧各爲注意、則老會所籌畫者、亦未必周詳。如在在關心、非第可感化他人、並可激勵老會、多遣工人、俾主國有興盛之象焉。

第一百九十九節

商酌教務○老會之設、既爲商酌教事、故凡會員當將諸端、預爲斟酌、至會商之際、庶言論切當、而成事焉。論在會最宜防者、卽出言太多、蓋言多則廢時多而成事少、更當知善言者、不在言多、而在言之有中、蓋以發言之要訣、卽在當言則言、不當言則不言而已。

第二百節

在會以和爲貴○會中議事、勢難意見盡同、若所議者、極關緊要、則宜極力辯論、求得適正、情雖如此、要不可傷和。一爲衆會之區、衆教牧會議、若互相爭論、本處教民見之、異日議教事、恐亦效尤、况爲教牧者、若顯嫉妒紛爭、自是之心、而於教衆之道德、便有損傷、故宜彼此忍耐、以求和睦。二爲當躬之益、大衆聚會議事、本爲暢懷有益之舉、然在與人不和者、則鬱然不樂、而難獲其福、以其滿有嫉妒怨恨也。三爲所謀之事、每見與人不和者、縱其所謀、實爲善舉、然多無人贊成、惟睦而有德之人、凡其所謀爲者、衆皆樂於相助、總之、無論爲人爲己、務致在旁觀者、求應驗主也。約十三章三十四、三十五 以上節老會而言大會總會與此一理

第十一章　他會交誼

第二百零一節

緒言○耶穌教雖分多會、乃如羊羣、仍屬一大圈也、故本會教牧、與他會交往、宜尚和平、以各會之教民能否相愛如弟兄、多視教牧爲向背、設教牧與他會

教牧教衆、顯有和睦親愛之情、每有要事、即行助之、如他會之職員、與道德之士、或患重病、或近辭世、即望之助之、本會教民見之、亦將與他會互相親愛、而守聖靈所賜合一之心也。（弗四章三）縱有意見不同之處、亦當彼此包容、以愛相恕、（希文作拘己解弗四章三）又“不較惡、”盡己力與衆和睦、“以愛盡律、”更宜思在吾人觀之、雖有多會、在外人視之、則如一會、是以各會宜彼此相和、“人將知爾爲我徒者、以爾互相愛也。”（約十三章三十五）由此而推、教牧雖宜愛其本會、然不可愛之過於愛主、不然恐爲本會效力、而不爲主盡忠、甚至引人進教、彼此相爭也。

第二百零二節

易地宣講○常有支會、或因賓牧之多、或因宣講者衆、每一聖日、輒更易宣講之人、致主日之講論、不相聯絡、而教衆於道之大端、未能得有根據、此輕易之弊、因未得其法也。如得其法、則有益矣、試略舉之。一 己可休息、並得與衆談道之暇、若於此措置咸宜、則本會愈受其賜也。二 教衆得益、蓋人之聽講、有如飲食、常食一物、則覺不美、即其人盡心爲備、聽之者終覺平常也。三推廣化導之力、若教牧交換宣講、其化導力、不至限於一方、且可推廣益遠。論交換之人、最宜於本會之教牧、然爲求聯絡之誼、亦可與他會教牧易講、要在擇所共信之端致宣講適宜也。

第二百零三節

教民遷會○嘗見在本會歷年久者、雖依然事主、而因愛慕他會之講解禮義、則起遷會之意。夫教民遷會、原無不可、惟教牧於其將遷之際、宜在其疑於本會、喜於他會者、詳爲解明、免其既遷而後悔也。待其既遷、不可輕疑彼會之教牧有竊會友之念、宜相交如故、更不可責斥本人。蓋人隨其良心敬主、爲理所當然也。若論教牧求人遷會、則有可不可之別。其可者、即於他會出籍之人、爲教牧者、宜領其復歸於主、不當因曾屬他會、任其冒永死之險也。要之教牧爲此、務防有求己之心、若果本於救人榮主之誠、則爲美事、無可指摘矣。其不可者、即於已屬某會者、搖動其心、使生遷會之念、恐因此使教會不和、於己於衆、

第二百零四節

皆受其害。教牧須引人求救、不可專圖人遷入吾會、蓋此舉非多增榮於主、反將致教中不和焉。縱有自願遷來者、要在追其遷會之故．若非因出居他鄉、凡遷會者、多爲與衆有隙之侶、恐遷來之後、地易而心未易、未幾而故態復作矣。

總歸○教牧之職務、如此其多、天職之當盡、如此其難、凡任是職者、當持心耐性、任勞任怨、不可因目前之艱阻、遽爾喪志、不宜因暫時之煩惱、而忘遠圖。更宜滿有愛主愛人之心．不然、遇有毀謗、試煉、雖己，，手扶耒耜、‘‘亦將，，向後顧矣。‘‘又見無知之人、將入永死境地、宜體恤爲心．與衆人交、務求親睦．凡百事端、竭力效主．如是則所行者、雖不及檢、而有過失、然上主監其苦衷、則必悅之。在己內心、亦覺平安、蓋以誠心訓人歸義、則必有令名記錄在天、配主稱爲忠義之僕也。

宣統三年八月初版
民國五年五月再版

（司牧良規）

（每部大洋三角）

原著者　美國慕爾腓
編輯者　美國赫士
校潤者　山左　譚述銘　劉延廷
發行者　上海廣學會（河南路四百四十四號）
代印者　上海商務印書館（北河南路北首寶山路）